続警察裏物語

27万人の巨大組織、警察のお仕事と素顔の警察官たち

目次

第3章　日本の警察、アメリカの警察

第4章　続・素顔の警察官

［装丁］　河野　宗平

第1章　続・伝説の警察官

ケンカの達人、再び

前作の『警察裏物語』で、読者諸兄に好評だったのがFに関するエピソードだったそうだ。アンコールにお応えしてケンカの達人、Fのネタをもう一つ披露することにしよう。

九州出身のFという男はかなり変わった経歴の持ち主だ。もともと九州で白バイ警官をやっていたのだが、弱い暴走族との乱闘ばかりにあきあきしてしまい、強敵を求めて東京に赴任してきたという男である。

警視庁に赴任してからは水を得た魚のごとく、歌舞伎町でのちょっと乱暴な捜査活動を展開していたのだが、相手はヤクザといえどしょせん格闘技の素人。柔道三段、空手五段を誇る人間兵器Fを満足させられる強敵はいなかった。

そんなFにとって年に一回のお楽しみイベントが、大学生と実業団が参加して開催される空手大会だった。

実業団といっても警察の敵は自衛隊のみ。自衛隊は独自の格闘技である徒手格闘も用いた戦い方で常に上位に選手を輩出していた。

徒手格闘とは、合気道、日本拳法、そして空手などを統合した自衛隊独自の武術で、他の実業団選手の空手とは異なり、完全に生殺与奪のコントロールを目的とした格闘技である。

この格闘技は世界的にも評価が高く、逮捕術と合気道をベースにした空手を使う警察以外の人間がかなう相手ではないのだ。

このような殺人格闘技を駆使する連中が出場する大会だから、Ｆのテンションが上がらないはずがない。大会が近づくにつれ、いつもの歌舞伎町でのパトロールにも気合いが入る。歌舞伎町では負傷者が続出だ。

そして大会当日。予想通りＦは順調に勝ち上がって、迎えた対戦相手は日体大の主将だった。日体大空手道部は名門だ。社会人の脂の乗り切った空手家にまじって、準々決勝にまで上ってきたのはなかなかだといえる。しかし、Ｆにしてみたらまったく相手ではない。敵は自衛隊所属の空手家だけ。そんな楽勝ムードで試合がはじまったとたん、

「パシィィイン！」

いきなり、Ｆの顔面にキックがヒットした。

顔面直撃は反則だが、いざ試合が始まるや、Ｆの尋常ではない殺気に気圧《けお》されたか、日体大の主将は禁じ手をはなってしまった。

もちろん、Ｆはガードしていたのだが、それを突き抜けるほど強烈なキック。

「ピィィィー！　顔面攻撃はダメー！」

審判は即座に笛を鳴らし、注意をするが、Ｆの顔は仁王像のようになっている。何かが起きそ

うな雰囲気のなか、試合再開。その刹那、

「ドンッ！　メリメリメリ!!」

Fのパンチが顔面に炸裂し、日体大主将はその場に崩れ落ちた。拳の風圧が観客席にまで伝わりそうだ。おそらく彼の顔面は骨折しているだろう。

「おら、これが大人の空手だ、覚えとけッ！」

「ピィィィー！　反則負け!!」

数秒前の審判の注意を完全無視し、顔面攻撃を繰り出した大人気ないFは、一発退場のレッドカードとなった。

意外な展開となったが、Fをここまでキレさせるとは、日体大主将もなかなかの男である。

大会翌日、私とFは病院にいた。Fの対戦相手だった日体大の主将がFのパンチにより、ICU（集中治療室）に入れられていたのだ。

待合室では日体大主将の母親が泣き崩れている。これにはさすがのFも神妙な表情をしている。と、思いきや、

「お母さん、殺さないようにやったんで大丈夫ですよっ！」

まったく、空気の読めない男である。

結局、主将は無事退院することができた。しかし、骨折した顔にボルトや鉄板を入れたため、手塚治虫の漫画キャラクター、ブラック・ジャックのような傷が残ってしまったのである。

「ぼく、営業職の内定をもらってたんですけど、辞退することにしました。こんな顔じゃ、営業なんて無理だし。でも、これで空手に専念できます。Ｆさん、ありがとうございました」

そう言って主将はＦに深々と頭を下げた。

「そうだと思って、いい仕事探してきたよ。空手もできて、けん銃も撃てて、お金までもらえる。もう上には話してあるからさ、名前書くだけで大丈夫。どうだ、警官やるか？」

完全なコネ入社である。しかし、これは慰謝料込みということなので大目にみてもらいたい。現在、この主将は現役バリバリの警察官として活躍中だ。

Ｆのリクルート大作戦は、ひとまず成功である。

桜田門の007

人種、国籍を問わず警察官を志す者には、アクション映画やハードボイルド小説の熱狂的なファンが多い。これから紹介する彼もそんな男の一人だ。

「007から警視庁」

「警視庁です。警視○○どうぞ」

「007異状なし」

「おい、また、ボンド巡査の007漫談がはじまったぞ！」

事件が発生したわけでもないのに、警視庁の管制室が騒がしくなる。それも、笑い声が中心だ。普通、こんな状況はありえない。

パトカーから無線連絡をしているこの男はY巡査部長。イギリス諜報部部員、ジェームズ・ボンドを主人公にした007シリーズの熱狂的ファンである。

警察車両には通常、警視庁なら『警視○×号』と車番が与えられている。しかし、このボンド巡査は、007に心酔するあまり、自身が乗車するパトカーの車番を、無理やり「007」と呼ばせているのだ。

彼が乗車するパンダカラーのボンドカーとの無線交信は、いつもこんな感じだ。

「こちら管制室。ボンド巡査部長殿、Qが開発した最新のボンドカーですので、安全運転で本部へ戻ってきてください。プ、プゥッ！」

「こちら、ボンド。了解！」

管制官たちは吹き出すのを堪えるのに必死だ。しかし、当のボンド巡査部長は、いたってまじめに任務をこなしているのである。

当初、彼は上司から車番の件で再三にわたって忠告を受けたが、車番以外の勤務態度はいたって優秀であり、検挙実績も申し分ないことから、上司も黙認するようになったのだ。

しかし、ボンド巡査とやりとりをする管制官たちはたまらない。常に、笑いを堪えなければならないのだから。

そんなボンド巡査が、ある日、まじめな顔で私の元へ相談にやってきた。

「健さん、俺、警備部に行きたいと思ってるんですよ」

警視庁の警備部は公安部と並んで、国家の安全と秩序を維持するために活動する。過激派などの極左暴力集団や右翼団体、国内外のテロリストの犯行を未然に防いだり、暴動の鎮圧を行ったりする。また、名称の通り、台風や地震などで災害が起きた場合の都市警備、内外要人の警護なども行う。

「あ、いいんじゃないの。おまえの勤務評価ならあっち行ってもやっていけるだろう。志願すればきっとそのうちお呼びがかかるよ」

しかし、一つ問題があった。

「でもなぁ、おまえ。警備部に行ったら、ボンドカー乗れなくなるぞ。それでもいいのか？」

「はい、それは承知してます」

警備部に配属されたら、覆面パトカーには乗れても、大好きな白黒のパトカーに乗る機会は減るだろう。それでも、とにかく警備部へ行きたいと言う。

「で、おまえ、警備部のどこの課に行きたいの？」

「もちろん、警護課です。皇宮警察の皇宮護衛官への出向でもかまいませんっ！」

「さてはおまえ、ＰＰＫが目的だな」

「はい、もちろんですっ！」

空いた口が塞《ふさ》がらなかった。

ＰＰＫとは、ジェームズ・ボンドの愛銃・ワルサーＰＰＫのことである。小型で信頼性が高く、各国の要人警護を担当するシークレットサービスや、ＳＰと呼ばれるセキュリティポリスに採用されているけん銃だ。

日本では、内閣総理大臣をはじめとする要人警護を担当する警備部の警護課と、皇族を警護する皇宮護衛官の一部で採用されている。

００７の愛銃目当てで、警視庁のエリート集団である警備部を目指すのはいいが、この部署はよほど腕に自信がないと務まらない。

なにせ、十秒以内に二十五メートル先の直径十センチの的に五発以上命中させられる射撃テクニックが要求される。しかも、それは警護課の人間に求められる最低ラインのテクニックなのだ。

これがどれぐらいの射撃テクニックかというと、そのままオリンピックに出場して、ピストル射撃競技でメダルを狙えるほどだ。

現役のＦＢＩでもこのノルマをクリアするのは難しいだろう。

もちろん、接近戦を重視して各種格闘技も超がつくほどのレベルに達していないと務まらない。

しかし、熱狂的なボンドマニアのこの巡査、成績は優秀なので、要人警護を担当する桜田門の００７としてデビューする日も近いかもしれない。

署長になった巡査部長

「あー、落し物だっぺか？　だったら、オラが預がるから、あんたこの書類に書いて。あー、もう。あーたらこーだら言わんで、これ書いて」

都内の交番に勤めるようになって三十年を越すベテランのH巡査部長は、いまだに出身地の茨城弁まるだしで職務を遂行する。

ついたニックネームは爺《じじい》。五十歳代前半にしては老けすぎた風貌からつけられたニックネームである。

普段から大ボラを吹くことで有名で、

「昨日、競馬で百万勝った」

とか、

「パチンコで十台打ち止めた」

とか、いつも大風呂敷を広げていた。しかし、

「そんなに勝ったなら、寿司おごってくださいよ。回ってないやつ」

「んあー、おまえが出世したら食わしてやる。そう、あせんなって」

いつもこんな感じでかわされてしまう。

H巡査部長は、勤務している交番こそ違ったが、新人時代の私をよく気にかけてくれ、彼の勤務する交番へ寄ると、店屋物なんかをよくご馳走になっていた。

そんなある日、H巡査部長のとんでもない大ボラを聞いてしまった。

「いいか、若いの。オラ、署長になっぺよ〜」

「何言ってるんですか。いま巡査部長なんだから、退官して警部補止まりですよ」

五十歳を過ぎても巡査部長というのは、警察の出世レースでの完全な負け組を意味する。人気漫画『こちら亀有公園前派出所』に登場する大原部長などは、出世できなかった典型的なケースといえるだろう。

このH巡査部長も『こち亀』の大原部長と同じようなコースを歩いている。しかし彼は、署長になると言って譲らない……。

「いや。オラ、もう署長になってんだ」

「はぁ？　酔ってるんですか？」

「酔ってないっぺよ。いいか、電話かかってくるまでちょっと待ってろ」

〝ジリリリリ、ジリリリリ〟

雑誌を読みながらしばらく待っていると、交番の電話が鳴り響いた。

「あー、オラが出るから、いいっぺよ」

電話に向かって手を伸ばした私を制止して、H巡査部長が受話器をとった。

「はい。こちら○×△警察です」

「ちょっとHさん、ここ交番だろ、交番っ！　警察はマズイよ！」

「んあー、署長は私だが、はい」

交番であるのに、警察署と言い、さらに自分が署長であると、とんでもないことを言っている。確かに巡査部長という階級は交番の「所長」になるが、警察署の「署長」ではないのだ。

「なっ。オラ、署長だろ。あー、若いの、おまえさんに電話だっぺよ」

そういってH巡査部長は、私に受話器を手渡した。電話の向こうから聞こえるのは、どこかで聞いたことがあるような、野太い声……。

「はい。北芝です。あ、副署長！　えっ、いまのですか。えーと、ですね。はい。○×△交番のH巡査部長でして、所長であって署長ではなく……。は、はい、すぐに署のほうへ出頭いたします！」

なんと、電話の相手は、某警察署の副署長だった。

私としては、どうにもこうにも歯切れの悪い返答しかできなかったが、このH巡査部長は副署長を相手に「署長」と言い切ってしまったのである。

これには、さすがの私も度肝を抜かれた。

あとで聞いた話だが、このH巡査部長。普段から自分のことを署長と呼び、電話応対でも常に

「○×△警察。署長」として応対していたらしい。

ちなみに、このとき電話をかけた某警察署の副署長は、H巡査部長が臆することなく「署長」と言い切ったため、注意するのも忘れ、絶句してしまったらしい。

まったく人騒がせな、それでも少々素敵に見える〝警察署長殿〟である。

五百人の顔を覚える超記憶刑事

　どの国の捜査機関においても、一芸に秀でた人間は重宝される。車の運転技術、けん銃の射撃、外国語など、いろいろな技術が挙げられるが、各国共通して重宝されるのが記憶能力である。日本の警察には、その記憶力を活かした独自の捜査手法が採用されている。それが「見当たり捜査」だ。

　「見当たり捜査」とは、容疑者の特徴をすべて頭に叩き込み、容疑者が行動していると思われる範囲、たとえば人の多い繁華街や駅などで延々と張り込みを行うことだ。

　見当たり捜査担当の捜査官たちは、常に五百名以上の容疑者たちの顔の特徴を記憶している。顔の骨格にはじまり、目、鼻、口の形、また、顔の骨格からくる体型、体型から割り出される歩き方など、すべてを頭のなかだけで瞬時にシミュレートできる技術を備えている。

　「見当たり捜査」は、もともと一九七〇年代初頭に大阪府警で始められた捜査手法で、その後、愛知県警、警視庁などにも採用された。

　現在、大阪府警では年間約百名の容疑者を見当たり捜査によって逮捕しており、シンプルながら効果の高い捜査活動として認知されている。

見当たり捜査官たちは捜査活動以外に、各県警への技術指導なども頻繁に行っている。しかし、この技術はいくら訓練しても身に付かない部分が多い。

記憶術の基本的な手法として、記憶する対象を数字やカナに置き換えて行う「置換え法」が有名だが、五百名以上の顔の特徴となると、これだけでは不可能だろう。

生まれつき右脳が活性化している人間のみが、訓練によって見当たり技術を会得するケースが多い。

私の私服捜査官時代の相棒だったN巡査部長は、すさまじい記憶力の持ち主だった。

「Nちゃんさ、ちょっと機械壊れちゃってよ。手伝ってくんないかな、あとでメシおごるからさっ！」

容疑者の指紋確認のため、N巡査部長を呼び寄せた。

通常は映写機のような機械を使ってやるのだが、このN巡査部長にはそんな機械は用ナシだった。

「えーと。この指紋はちゃうなぁ。あっ、これこれ。こっちが容疑者やわ」

なんと、このN巡査部長は顔だけでなく、指紋も記憶することができたのだ。

この男の記憶力は、これだけではない。某政党で張り込みを行っていたときなどは、もっとすごかった。

「〇×議員、ほかボディガード二名通過。氏名は〇□と×△。健ちゃん、ちゃんとメモっとるんか？」

　張り込み中にN巡査部長が、隣にいる私に状況確認をする。

　チラっとN巡査部長を見ると……。

「おい、N！　てめぇ、漫画読みながらナニいい加減な報告してるんだよっ。ざけんじゃねぇぞ！」

　N巡査部長は、ターゲットのことなどひと目も見ずに漫画を読みながら状況報告をしているのである。

　これには、さすがの私もブチ切れて、その場で怒鳴り散らしたが、すかさずNがこう返してきた。

「何、怒っとるんや、健ちゃん。ワイな、あいつらの足音もみんな記憶しとるから、それ聞いただけで誰だか全部わかるんやで。ウソかと思うんやったら、これで確認してみ。ほら、第三ゲートの右端。おるやろ？」

　そう言われて、双眼鏡を覗き込む。

「……ドンピシャじゃねぇか」

　このN巡査部長、一度見たターゲットは顔や特徴だけでなく、足音も記憶することができた。状況によっては足音で識別したほうが精度が高いらしく、それだけで人物を確認しているというのだ。また、漫画やスポーツ新聞などを読みながらのほうが集中力がアップするらしい。

まったくとんでもない記憶術である。彼は特別な訓練を受けたわけではなく、生まれつきこのような能力が備わっていたのだという。

ＦＢＩやＣＩＡの訓練によって、一度入った部屋にあるイスや机、その他の配置をすべて記憶するというヤツもいるが、彼の場合は本棚にある本の名前、さらに余裕があれば書類に書かれている文章や表などもすべて記憶することができた。

そして、この記憶術は捜査以外でも活用されたのである。それは、私たち同僚にとって恐ろしいほどに驚異だった。

「あ、健ちゃん。それ切ったら、一発ロンやで。この前、おごってくれたから見逃してやるわ」

麻雀である。

彼は、かき混ぜる際に表を向いていた牌はすべて記憶してしまうのだ。同僚たちがこの能力を知ったとき、彼を麻雀に誘わなくなったのはいうまでもない。

このような記憶術がある人間は、どの国へ行っても諜報機関にドラフト一位指名されるだろう。彼の場合も刑事を経て、公安部へ配属されたのだった。

引く手あまたのスパイダーマン刑事

二〇〇七年三月、千葉県市川市のマンションでイギリス人英語教師の変死体が見つかった。このマンション玄関先で職務質問を受けていた容疑者、市橋達也は、捜査官を振り切り、マンションの非常階段を降り、住宅地の民家を突っ切って逃走したという。

私はこの事件を聞いて、スパイダーマンことS巡査のことを思い出した。もし彼が現場にいたら、市橋容疑者の逃走は防げていたかもしれない。

このS巡査、見た目はモデルのように華奢な体型をしているのだが、とにかく身軽で足が速い。

「ヤベェよ。このマンション、エレベーターぶっ壊れてるじゃん」

ある日、私とS巡査は、殺人事件の容疑者確保のため、あるマンションに向かったのだが、なんとマンションのエレベーターは故障中。

まもなくパトカーも現れ、上空には警視庁のヘリコプターが旋回中。このままだと容疑者がわれわれの存在に気づきかねない。しかも、よりによって容疑者宅はマンションの十一階、もはや一刻の猶予もない状況だ。

「じゃ、俺、十一階まで行って来ますんで、健さん、裏口に張り込んでください」

「は？　ままてまて。おまえココさ、エレベーター壊れてるし、非常階段も補修中だぞ。どうやって行くん……」

と、言ってるそばからS巡査はマンションの外壁を登りはじめてしまった。

外壁の溝や手すりに指を引っ掛けて、フリークライミングのような要領でグイグイ登っていく。まさにスパイダーマンだ。

最終的にS巡査は、容疑者宅の玄関でなく、ベランダから侵入してみごとに容疑者を確保した。

「まさかベランダからとは……」

と、あっけにとられた容疑者は、まったく抵抗することなくお縄を頂戴したという。

また、あるときは住宅街をバイクで逃走した犯人を、家伝いに飛び移って確保するという離れ業をなしとげたこともあった。

本人いわく、

「府中刑務所だったら素手で越えられますよ」

とのこと。

S巡査の登攀《とうはん》能力なら、それすらも可能と思えるほどだった。腕っ節も強く、ヤクザ十六人を一人でKOしたこともあった。

これだけ優秀な彼の噂は瞬く間に警察全域に広がり、警視庁の広域緊急援助隊、いわゆる災害レスキュー隊からスカウトがやってくるほどだった。

驚いたことに自衛隊のレンジャー部隊からもスカウトがあったという。まさに、組織を超えたドラフト一位候補だった。

しかし、彼の新たな配属先は、そのどちらでもなかった。

「やったー、健さん、俺もいよいよ刑事になれますよ！」

S巡査はいままでの功績が認められ、本人の希望もあって念願の刑事課への転属が内定したのだ。しかし、その喜びもつかの間。十年に一人の逸材と言われるS巡査を放っておかないところがあった。

警視庁公安部である。

なんと、刑事課への転属寸前に公安部がS巡査を強奪したのだ。書類上で、公安部が一日速く引き抜きの書類を提出したことになっていたのだが、こんな書類上の操作は公安部にとってはカンタンな作業だ。

なにより、優秀な警官はどんなことをしてでも取りにいく。これが公安だ。まさに、一時期のジャイアンツのようなドラフト一位強奪劇である。

当のS巡査はというと……、

「おれ、公安嫌っすよ。何やってるかわかんないし、乱闘とか大捕りものできる刑事がいいっすよ」

おっしゃる通り。公安が何をやっているのかなんて、公安捜査員の親兄弟、そして同じ公安でも隣の席の人間ですらまったくわからないのである。
もちろん、彼も公安配属の経緯を知らされぬまま、特殊な任務についたのである。

髪型に難あり！　高速のマッドマックス

警察官に人気の部署として、高速道路交通警察隊がある。高速道路での取締りを任務とする部署で、なんといっても大排気量のパトカーが扱えるのが魅力だ。

二百八十馬力オーバーの国産マシン、マツダのＲＸ７や日産のＧＴ-Ｒ、スバルのインプレッサＷＲＸなど、名だたるマシンが採用されており、一般にも広く知られ人気を博している。

高速道路交通警察隊の名物男はＴ巡査長だ。

「Ｔさん、今日は俺にもＲＸ７に乗らせてくださいよ」

「い・や・だ！　おまえはセドリックで充分だ！」

Ｔ巡査長のお気に入りは、マツダのＲＸ７だった。部下にはもちろん、上司にだってこのマシンのキーは譲らない。

「おい、Ｔ。おまえ、たまには下の者にもＲＸ７を譲ってやれよ。おまえの車じゃねぇんだ、国費で買った大切な備品なんだぞ！」

「隊長、だったら俺、ここ辞めますわ」

このひと言で、隊長である警視は黙ってキーを差し出した。

なぜなら、このT巡査長の検挙率はすごいのだ。毎日、通常の三～四倍の違反車両を挙げてくる。もし、彼が抜けてしまったら隊長である警視の出世に大いに響くことになる。だから、たとえ警視であろうとこのT巡査長にはまったく頭が上がらないのだ。

そして、T巡査部長には誰にもマネできない特殊な能力があった。

「おい、いまの車、スピード違反だ。追跡するぞ」

と言ったT巡査長、路肩にパトカーを止めているだけで、取締り用のスピード測定器を見てもいない。

なんと、彼は車の走行音だけで、おおかたの速度がわかってしまうのだ。

「いいか、俺が指示したらサイレン鳴らせ。一気にしょっ引くぞ！」

そう言うと、違反車両に接近。スピード測定器で、違反車両の速度を確認すると、T巡査長のRX7は一気に加速する。

近年、警察の過剰な追跡で事故を引き起こすケースが指摘されているが、T巡査長の腕の前ではそんな心配は無用だ。

圧倒的なスピードで違反車両に接近し、キレのあるハンドルさばきで違反車両を路肩へ停止させる。スマート極まりない取締りテクニックだ。

「はい。お兄さん。六十キロオーバーね。免許証出して」

「ぷ、わははは。はいはい、免許証ですね。お巡りさん」

「おい、ナニ笑ってんだ。減点、増やすぞ、コラ！」

笑われるのも無理はない。このT巡査長、ものすごいクセっ毛で、ヘルメットを脱ぐとなんとも情けない感じの巨頭アフロヘアなのだ。

ドリフの爆破コントのような髪型である。これには、違反者も笑うしかない。

音速のアフロマンには要注意だ！

第2章　ヤクザと警察官

ヤクザとの接触

警察官とヤクザの関係というのは、非常にデリケートだ。誤解を恐れずにいえば、ある種、荒事世界の反発する双子の兄弟のような関係にあるといえるかもしれない。

一方は公的な組織に属する存在、もう一方は反社会的な組織に属する存在であるが、どちらも強い胆力をもった屈強な男たちで、危険な匂いを敏感に感じとっては、喜々として命の保証のない舞台へと乗り込んでいく。

そのメンタリティは当然異なるのだが、それを除けば非常に似通った人種であるといえるであろう。アイロニックにいえば、似たような嗜好性があるのに異なる世界に身を置くがゆえお互いを許せない、つまり近親憎悪的な側面があるのかもしれない。

第二章では、このコインの裏表に相当するような両者の存在について、述べていきたい。

警察がヤクザを捜査するにあたって、ヤクザとの接触、つまり情報提供は不可欠であるとまではいわないが、ヤクザ同士の感情的もつれ、ヤクザ業界の利権争いなどで勃発する抗争は、内部情報が捜査において極めて重要になってくる。

ただし、警察という敵対勢力側の人間が接触するのだから、

「極秘情報を漏らさないか」

「仲間を売らないか」

など、ヤクザ側の目も当然厳しいものになる。非常にデリケートな接触であることは容易に想像がつくだろう。

ヤクザとの接触というのは、大きく分けて相手のテリトリーで会う場合と、テリトリーの外で会う場合の二種類がある。

ヤクザにとって、自分のテリトリー内で捜査官と接触するのは所属団体にバレたときには、ある種の危険が生じる。そのため、ヤクザが場所を指定し、捜査官がその場所に会いに行くというパターンがまず一つある。

この場合、非常にニュートラルで、なおかつ敵対勢力がいない場所、もしくはその辺の事情に慣れている老舗勢力のテリトリーを指定することが多い。

また、自分の血縁関係者が経営するようなパーソナルな空間を指定される場合もある。そういった場所に捜査官が赴《おもむ》いてやることによって、情報提供してくれるヤクザの面子を保つということが非常に大切なのだ。

相手が暴力団組織内でかなりハイクラスの人物の場合は、こちらでホテルの部屋、つまり密室を用意することもある。

ホテルの部屋であれば、飲食も自由にできるし、話を聞かれる心配もないので、ヤクザのほうも喜ぶ。なかにはボディガードや取り巻き連中を別室で待機させて、完全に一対一で話してくれた組長もいた。

もう一つのパターンは、反対に、警察との関係を自分のテリトリー内で誇示したいヤクザが使う。

「俺は刑事とパイプをもっているんだぞ」

ということをほかの連中に見せることで、組織内で一目置かれる場合もあるからだ。

そんな「色気」をもっているヤクザには、捜査官のほうもわざとその人物のテリトリー内の喫茶店を指定してやる。そうするとヤクザには、

「先方がどうしても会いたいというから、会ってやった」

という大義名分ができるからだ。ヤクザとの付き合いは、とにかく面子の問題を抜きにしては成立しないのである。

こういうケースの場合、捜査官は一人では会いに行かず、眼光の鋭い強面《こわもて》の同僚と行くことにする。ある意味、ちょっとしたVシネマのような世界だが、面子を大切にするヤクザにとっては、会っている空間を演出することも重要なポイントだからだ。

うだつの上がらないような容姿の刑事よりも、屈強で気合いの入った刑事とパイプをもっているほうが、ヤクザのほうも力を誇示できるので喜ぶのである。

刑事が「あの組の誰々はこんなヤツだ」という情報をもっているのと同じように、ヤクザ組織

のなかでも「あの所轄の誰々という刑事はこうだ」という評価がある。

闇社会では、そういった情報は一瞬にして伝わる。

たとえばヤクザ業界で名前を知られた刑事が、歌舞伎町などの歓楽街を歩くと、まるで映画『十戒』で海が割れるシーンのようにヤクザがスーッと道を空ける。それは有名刑事の写真が闇社会に出回り、まるでアイドルのブロマイドのように流通しているからだ。

私も現役時代、銀座や赤坂、六本木などのヤクザ業界内で、顔写真が売り買いされていたらしいという話を聞いた（もちろん私には一円たりとも入ってはこないのだが）。

当時の私は、かなり無茶をしていたため、そんなことになっていたのだと思う。

よくヤクザを抱え上げて、赤信号が青になる瞬間に車道に放り投げたりしていたため、「あいつは危ない刑事だ」ということになったのだろう。

基本的な性格と体力はいまでも変わっていないが……。

ヤクザとの名刺交換

警察とのパイプというのは、ヤクザ業界内では状況によって大きな力になる。

たとえば、東京の盛り場に、有力団体下部組織に属すMという男が構えている事務所があった。私はある捜査の過程で、Mの代紋入りの名刺がどうしても必要になった。それで名刺交換をするため、その男の事務所を訪れた。

実は向こうは向こうで刑事の名刺が欲しいと思っている。私が渡したのは、個人情報がいっさい記入されていない官用名刺だが、ヤクザ連中はこの官用のほうを喜ぶ。

それは「正式に待遇されている」という、連中の自尊心を満足させることになるからだ。ヤクザの業界内での「名刺ジャンケン」は、冗談や遊びではなく、ある意味力を誇示する上で非常に重要なものなのである。

もちろん、ヤクザに名刺を渡すリスクはある。自分の名刺を悪用される危険性は否定できないからだ。

そのため渡す際には、会った日付を書き込んだり名前を円で囲んだりするなど、なんらかのかたちで二次使用できないように心がける。チンピラやシャブ中の連中に連絡先を教える場合などには、とくに慎重になる。

大概のヤクザはそういった刑事の事情がわかっており、何もせず素の名刺を渡すと感激するヤクザもいた。

もちろん、業界のルールをわかっていて、絶対に二次使用しないと思った人物にしか渡しはしないが。

「こちらも認めたんだから、おまえも俺に一目置け」

そういった意味での、暗黙の了解を含んだ名刺交換なのだ。

それは、ヤクザ連中にしてみれば刑事とのある種の盃ごとでもあるし、刑事にとっては契約であるし、儀式でもある。

もちろん、悪用したときには、絶対に容赦しないのであるが。

上京ヤクザと元ヤクザ

私が現役の捜査官だったころ、管轄では顔が知られているので、滅多なことではヤクザとのトラブルは起こらなかったが、たまたま地方から出てきたヤクザは、こちらのことを何も知らないのでトラブルになることもあった。

上京ヤクザは野暮ったいというか、かなりしつこいことが多い。絡まれて一度軽くこらしめてやっても、次は応援を連れて仕返しにやって来たりするのだ。こちらは捜査で忙しい身なので、当然頭にくる。そんな場合には、はっきりと思い知らせるためにきつくお仕置きしてやらなくてはならない。

たとえば、路上で絡まれたらその場で少し痛めつけてから、近くの交番まで連行する。それから奥にある取調べ室や仮眠室で私、もしくは交番の同僚がこっぴどく痛めつけるというような処理の仕方をする。

町中だと大勢ギャラリーがいるので、職務質問中ということではあってもそこまで大っぴらにはできない。しかし、交番内でなら取調べ中に暴れたということで存分に痛い目を見せてやれる。

勤務中ではなく、プライベートのとき上京してきたヤクザに絡まれたこともあった。そのときは管轄外の繁華街を、たまたま女性連れで歩いており、二人組の明らかにそのスジとわかる男が、私に肩からぶつかって来た。

「お兄さん、痛いよ」

「なんだテメェ！」

そう言われた瞬間、私の理性は感情にスーッと覆われてしまった。連れの女性に先に帰るよう促し、すぐに相手の目を睨みつけた。

ただ、そんな乱闘寸前の雰囲気はいつまでも続かなかった。それは目の前に警察署があって、警察官がすぐに止めに入ったからだ。

私が、

「こいつがぶつかってきたんだ」

とありのままの事実を説明すると、相手も、

「こいつは当たり屋だ。きっと関西の暴力団かなんかだぞ」

なんて喚《わめ》き出した。

プライベートだったということもあり、確かにそのときの私の身なりはレザージャケットにサングラスと、見てくれはかなり厳《いか》つかった。関西の暴力団員に見えても仕方ない。

「とりあえず話はなかで聞くから。相互暴行ね」

若い警察官にそう軽く受け流され、別々の取り調べ室に入れられた。

しかし無表情だったその警察官も、私が身分を明らかにするとすぐさま敬礼。そして、

「先に言ってくださいよ」

と、その表情は少し照れたような笑顔に変わった。その後、事情聴取は五分もかからずに終わった。

もちろん私が現場ですぐに身分を明かさなかったのは、あとあとの面倒を避けるためだ。その辺の事情は警察官同士よくわかっているから、彼も私の身分については伏せておきながらも、その後、

「三時間はたっぷり絞ってやりましたよ」

とあとで律儀に報告までしてくれた。

結局その女性とはそれっきりになってしまっていたので、デートを台無しにされ鬱屈していた気分は少し晴れた。

プライベートを邪魔されたときはほかにもある。私が、気にかけてやっていた元ヤクザと、たまたま街で女の子と歩いているとき出会ってしまったのだ。

「どうもお久しぶりです」

「おー、どうだ、堅気の生活は」

「大変ですけどなんとかやってます。こちらは奥さんですか」

そんな風に訊かれてドキリとした。

口説こうとは思っていたが、まだ恋人にもなっていない。余計なことを言うな、空気読めよ、と思いつつ会話を続けた。

「うん、まあそんなところかな」

「お茶でも御馳走させてくださいよ。いい店知ってますから」

そうやって堅気になった元ヤクザが「まともにやっています」と報告してくれる、そんな文字通りの「お礼参り」はうれしいことではあるのだが、警察官にもプライベートはある。このときばかりは私も面倒くさいことになったなと困ってしまった。

元ヤクザの話をしたので、ヤクザの組抜けについて少し話そう。

ヤクザには指を落として辞めるヤツもいるし、関連会社に移籍させられたうえで金を払って辞めるヤツ、組長クラスの鶴のひと声で辞めさせられるヤツもいる。

ヤクザ業界のルールとして「落とし前」をつけた指は受け取らなければならないので、

「指なんてもらってもなんの得にもならない」

と、現在は金で解決することを喜ぶヤクザのほうが多いようだ。

しかし、組の面子や組織内の規律も大切なので、関連する組や企業に移籍（一般企業でいえば左遷）してから金を払わせる。道で私に声をかけてきた元ヤクザも、そんな風にして足を洗った一人だ。

警察官であろうとヤクザであろうと、恨みを買う商売であることは間違いない。ひょっとしたら一生恨まれて過ごすことになるかもしれない。

だから、警察やヤクザを辞めても人との付き合いは「牙を持った」相手としたいと思うし、そういった人間との付き合いが自然と多くなる。そういう連中同士で「最近あんなことがあった」などと情報交換をするのだ。

それは、自分がそれまで生きてきた世界と現在生きている堅気の世界があまりにも違うためなかなか馴染めないというのもあるだろうし、あまりにも平和すぎて、命を預けられるような太い信頼が置ける人間関係をつくるのが難しいから、というのもある。

命を担保にする太い信頼関係は、戦場の最前線にいる人間同士でしか築くことはできないのだ。

また、普段使っていた業界用語も堅気の世界では通じない。だから彼も町中で私の顔を見つけて、うれしくなって話しかけてきたのだろう。

ただ、見た目などもすっかり堅気といかないのがこの種の連中には多い。つまり、堅気になっても厳《いか》ついヤクザファッションだけはやめられないのだ。

だから、女性とのデート中だけは声をかけるのを勘弁願いたい、というのが本音だ。

ヤクザとの交流

刑事には必ず、新任時代に捜査のイロハを教える師匠がいる。私の場合は、ヤクザもビビるケンカの達人で、なおかつ頭も切れるという伝説の刑事、笹原警部補だった。見た目は俳優の池部良に似た男前。街を一緒に歩いていると、ヤクザのほうから度々挨拶される。

そんな師匠に、

「制服から私服に変わると、ヤクザとの付き合い方もそれまでとは変わる」

ということを教えてもらった。

新任の刑事は、まず師匠にあたる刑事につき従い、彼のテリトリー内のヤクザに弟子として紹介される。私の場合、笹原警部補と一緒に二十数カ所の組事務所を廻ることになった。

「こいつは、今度新しく俺の下に来た若ェもんだ」

握手こそしないものの、完全に「よろしく頼んだぞ」といった感じなのだ。

するとヤクザ連中のほうも「あの笹原さんの舎弟か」と、顔を覚えて絶対に忘れることはない。

街を歩いていると挨拶されるようにすらなる。おそらく事務所内に防犯カメラが設置されていて、そこに映った顔を画像化して組の内部で回覧しているのであろう。

このように、刑事とヤクザの関係はギスギスしたものばかりではない。私には次に紹介する、なんとなくほのぼのとしたような、奇妙なヤクザとの交流経験もある。

そのヤクザは都内でボクシングジムなども経営していた親分で、全国的に有名な指定暴力団のナンバー三でもあった。出会いのきっかけは、ある日その親分が、恐喝と暴行で、私が当時勤務していた署で逮捕されたことだ。

その日は取調べ室が別件で埋まっていたので、親分は私の隣のデスクで別の刑事に取調べられていた。私はその男を、どこかで見たことのある顔だなと思いつつも、その日のうちに提出しなければならない書類書きなどに追われていた。

「すいません、タバコ世話してくれませんか」

担当の刑事が席を離れると、男は私に声をかけてきた。

「いいすよ」

私はそう返事をすると、両手に手錠をはめられた背の高い大学の教授みたいな格好の男を眺めた。

「麻布とこっちのほうじゃ気候も違うなんて言いますけどね。どうですか」

私はなんとなく頭に浮かんだ、似ている組長の顔を思い浮かべそう言うと、

「そうですね。うちの事務所のほうが少し寒いかね」

なんて言うから「やっぱり」と思った。

「おやっさん、タバコ二銘柄ありますけどどっちがいいですか」

「いやぁ、ヤニが強いほうがいいですね」

手錠をしているから火も点けられないので、私が火を点けてやると、親分は美味そうに煙を吸い込む。

「半日も吸えないと、これはしんどくてね。ニコチン依存症ってヤツはどうしようもないもんだ。でも、いつ死んでもおかしくないし。まあ好きなものはしかたないね。それにしても寒いね、留置所は。風邪だけはひきたくないけどなぁ」

「柿はビタミンCがたっぷりだから、一日一個食べてれば風邪もひかないですよ」

私がそんな風に言ったからだろう、翌日から親分の奥さんの差し入れには、ブルマン（ブルーマウンテン珈琲）の入った魔法瓶と三段重の弁当に、必ず柿がつくようになった。

そして、勾留中の二十三日間、毎日私が面会の立会人に指名され、弁当ごとの付き合いになった。親分と奥さんが取調べ室で弁当を食べながら団らんしているのを私は見ている。ただそれだけの関係だが、親分にとっては気を使わなくていい、気分のいいヤツが監視役になってくれたほうがいい。それが私だったのだ。つまり私は親分に気に入られたのである。

親分を直接獲《と》る（逮捕する）ということは警察のなかでは大金星である。だから、その事実は全国の警察はもちろん、ヤクザ社会でもすぐに広まる。

どこの部署の誰々が、どんな状況で、どんな容疑で逮捕し、いまどんな取り扱いをしているかという情報は全国を駆けめぐる。

弁護士との接見中に、私によくしてもらっているなどという話が親分から出ると、

「○○署の北芝は情に厚くて、おやっさんによくしてくれている」

と、私の名前が闇社会で広まっていくのだ。

すると、その組はもちろん関連組織における私の待遇が最高級レベルになる。

「ヤツはブルマンが好きだそうだ」

なんて噂になり、組に立ち寄ると必ずブルマンが出てくるようになる。

実際は、親分の差し入れのブルマンを飲ませてもらったときに、私が、

「こんな高い珈琲は飲んだことないですね。いつもは缶コーヒーばかりですよ」

というようなことを言っただけなのだが、それが広まったのだ。

別に好きというわけではなく「刑事の安月給じゃ無理」というアイロニックな意味も含まれていたのだが。

勾留も最後のほうになると、親分は組員に私の氏素性を調べさせていて、

「なんで医者の息子がこんな商売やってるのさ」

などと余計なことまで言ってくる始末だった。

それからというもの、親分がシャバに戻ると、なぜか偶然に町中で顔を合わせる機会が増えた。

ある日、町中で呼び止められて

「ちょっとお茶でも行きませんか」

と誘われた。

断るのも失礼なのでついて行くと、入ったのは界隈でも一、二を争う有名な高級焼肉店。もちろん親分の組が関係している店なのだろうが、すぐに人払いをさせて完全に貸し切り状態にしてしまう。そして、高級肉をさんざん頼み、二十人くらいいるボディガードと私に「食べろ、食べろ」と言ってくる。

しかも親分は、しばらくすると「ちょっと」なんて言って席を外すとそれっきり戻ってこない。

私は仕方ないので、自分の分の勘定だけしようとすると、店長が、

「それは困ります」

なんて言う。

「こっちも立場があるから、ここは商用でいきましょう」

「いえいえ、もういただいていますから」

「いやいや、払わせてください」

そんな風にお互いに折れないでいると、店長から、

「もらったりなんかしたら、本当に困るんです。ぼくも自分の身がかわいいですから」

と本音が出た。

このときは私も困ってしまった。

また、ある日は空港で私と親族四人、プライベートで旅行に行こうとしているときのこと。待合室で飛行機の時間を待っていると、二十人くらいのヤクザの集団がいて、なぜかこちらを見ている。私も気になってよく見てみると、集団の中心にはその親分がいた。

私の親族の一人が何かを感じ取ったのか、

「あいつらあんたのとこ来るよ。知り合い？」

なんて言う。

すると、その言葉通り、ヤクザの集団がこちらに向かってゾロゾロと動き出した。

「ケンカだけはやめてくれよ。飛行機乗れなくなるからね」

「わかってるよ」

私が苦笑いしながら応えると、親族たちはその場を移動。その後、私は空港という公共の場で、二十人のヤクザに取り囲まれてしまった。

「いや〜、お久しぶりです、おやっさん」

「どちらかお出かけですか」

「いやいや、刑事被告人になった身なので、なかなか入国できる国が限られていましてね」

そんな親分の言葉に、私は苦笑いだけ返した。

「実はＶＩＰルームに家内と娘がいるんです。家内もあなたとはご無沙汰しているし、ぜひご挨拶させてください」

そんな風に言われてしまうと、無碍《むげ》に断るわけにもいかず、出発まで一時間以上あったのでＶＩＰルームまで行くことにした。

空港内では衆人環視のなか、どこかの警察署員だろう、その様子をパチパチとフラッシュをたいて写真に撮っていた。

身内の職務行為とはいえ、あれには私もまいってしまった。

ヤクザの判断力

できるヤクザは人をあまり見かけでは判断しない。もちろん、あまりにみすぼらしい格好をしているのはダメだが、分相応の格好でいれば、見かけは特別な判断基準にはならない。

では何で判断しているかというと、それは自分への危険度である。

「こいつは、どれだけ強くて冷酷なことができるだろうか」

というところで人を見る。また、

「こいつはどれだけカモにできるだろうか」

という見方もあるが、それは危険度が高くないということの裏返しにすぎない。

刑事は制服を着ていないので見かけでのハッタリが利かない。だから、いってみればヤクザとの付き合いは人間力が問われることになる。

もちろん、そこには相性もあるだろうし、威圧したり惹きつけたりのバランス感覚やテクニックなど、相手に好感をもってもらうためには様々なことが必要である。

しかし何よりも大切なのは、小さな信用を積み上げることだ。前項で登場した親分も、警察施設内での立ち会いや取調べ室での私の態度に好感を持ったことがきっかけで、その後も交流が続いた。

別の親分とのやり取りを紹介しよう。彼と盛り場のど真ん中で会ったときのエピソードだ。これは、ヤクザの判断力やバランス感覚が、非常に精密なものだと感じ、印象に残っているものだ。

当時の私は公安外事警察に勤務していたのだが、銀座の街を歩いていると、三ツ揃えを着たいかにもヤクザという男が大通りを赤信号にもかかわらず、車を制止しながら歩いてきた。顔を見ると、その親分の部下で知った顔のヤクザだった。

「オヤジがいまそこのホテルにいるんですけど、あなたを見かけたから一緒にお茶でもと言ってまして。いま、時間ありますか」

親分からの誘いなので無碍にもできないと思ったが、そのときの私はとにかく金を持っておらず、ポケットに千円足らずの小銭しかなかった。

「おれ、今日は金が全然ないんだよね」

「いや、ブルマンぐらいいいじゃないですか。今日は取り巻きも少ないですし」

もしかしたら、私には「ブルマン」というアダ名がつけられているのかもしれないなどと思いつつ、仕方なく申し出を受けてホテルのロビーに向かうと、そこには十人余りの取り巻きに囲まれて、お茶をしている親分がいた。

「ご無沙汰ですな。さあ飲んで、食べてください」

そんな風に言われ、私も本心ではお言葉に甘えてスパゲティやサンドウィッチなどを死ぬほど食べたかったが、一番安い珈琲を注文した。

「ところでね、北芝さん。私みたいな余所《よそ》の人間が、こんな風にお茶を飲んでいるっていうのはやっぱりマズいのかね。この辺は○○のシマだもんなぁ」

確かに白昼堂々と十何人も取り巻きをつれてほかの組のシマに入り込んでいたし、そのホテルの目と鼻の先に緊張関係にある組事務所はあった。それはあまりセキュリティ的にいいことではないだろう。

「まあ、あんたと珈琲飲んでいる分にはニュートラルですよね」

親分のその言葉を聞いたときに思った。

（ああ、俺はそういう使われ方をしたんだ）

つまり、刑事と一緒にいるということは、ヤクザにとって、

「俺は安全だぞ、シマを荒らしにきたわけではないぞ」

という証なのだ。

緊張関係にある勢力の間では、刑事が緩和剤の役割を果たすのである。

その辺りの力関係、ほかの組の面子を立ててやろうとする気配りやバランス感覚、そしてそれをすぐに実行に移す判断力に、このときばかりは「ヤクザもすごい」と思った。親分に勉強させてもらった。

その後、○○の事務所を訪ねたとき、

「あんとき、そこのホテルでおやっさんと茶してたね」

なんて組長に苦笑いされた。

やはり、監視されていたのだ。

私はどんな業種の人間であれ、目上、つまりある程度の人生経験を積んできている人には、失礼のないよう心がけている。ほかの刑事が取調べ中にその親分を呼び捨てで呼んでも、私は「おやっさん」なんて呼んでいたし、街でも顔を見れば挨拶をしてお茶ぐらいは一緒に飲んだ。その辺が、彼に認められた要因であろう。

私も、強姦魔など女や弱者を食い物にしているような連中には容赦はしない。しかし、この親分のような相手に対して無礼な態度をとっても、なんの意味もない。

相手の力量を見極めて、適切な対応をするということは人間として、そして警察官にとって大切なことであろう。

ヤクザのパーソナリティ

本章の冒頭で、警察官とヤクザはどちらも強い胆力をもった屈強な男たちである、と述べたが、胆力というのはヤクザのパーソナリティに大きく関わっている。「胆力のないヤクザ」、それは「臆病なヤクザ」と同意語である。そんなヤクザはとてもヤクザとは呼べない。

人間はある程度の胆力と力があれば、一対一での殴り合いのケンカには勝てる。ただ、その胆力をつけるというのが難しい。

胆力が発揮される精神領域に至るには、右肩上がりの感情のグラフのなかで、越えなければならない一線がある。その一線を越えられるか越えられないかで、行動は大きく異なる。それを理性の側から「キレる、キレない」という風にいう場合もある。

ただし、それは単純なものの見方であるといえよう。「胆力」と呼ぶに値する精神というのは、最大限の行動を可能にする精神領域に入りつつも、理性を保ち続けられる心のありようだからだ。

通常、感情が一線を越えると、自身を見失いコントロールができなくなり、最終的には命を危険にさらすことになるので、賢い人間は理性で感情を抑えようとする。しかし、ある種の人間たちは、理性を維持したまま向こう見ずな行動を可能にする「胆力」という特殊な精神を有している。

また、「火事場の馬鹿力」などと呼ばれる緊急時の超能力なども、胆力の一種といえるかもしれない。

胆力は体内に分泌されている酵素とも関係がある。脳内にあるＭＡＯという酵素が多い人間ほど臆病だし、長生きもするというデータがある。普段から無用なトラブルを避ける性格になりやすい。

この酵素の量は血液検査でわかるが、実は私はその数が極端に少ない。おそらくそれがメシを喰うような当たり前の感覚で、危険に首をつっこんでしまう要因の一つなのだろう。おそらくヤクザにもＭＡＯが少ない男が多いはずだ。

ただ、誤解してほしくないのは、ＭＡＯが多いからといって一概に臆病というわけでもないのだ。実際にＭＡＯが多い警察官はいるだろうし、ヤクザもいるだろう。

ヤクザの反社会的なメンタリティは、いってしまえばうつ病や偏った性的な興味、心理特性などと同様なものである。その原因は、ＭＡＯの多い少ないなどの先天的な遺伝情報の場合もあれば、訓練された経験、またはトラウマと呼ばれるような特殊体験など、後天的なものにも左右される。

たとえば、私は小学校に入る前の年頃にバットで頭を殴られたことがあった。するとその経験により学習し、バットスイングの軌道が感覚的にわかって、以後避けられるようになった。

私は小学校高学年にはすでに、街の悪ガキどもとかなりの数のストリートファイトを経験するようになっていたが、バットを凶器に殴りかかって来るヤツは怖いというよりも、やりやすい相手という感覚だった。バットさえ避けてしまえば隙だらけになるのがわかっていたからだ。

このような感覚というのは、毎日の修練などルーティン動作によっても身につけることができる。そして、そこに体力の向上が組み込まれると、自分自身にある種の自信が生まれる。その自信は胆力とは違うが、同じ効果をもたらせてくれる。

ヤクザが人を殴ったり、騙したり、威圧したりすることを平気でできるのは、毎日のように同じことを見て、感じているからである。つまり、それに慣れているからにすぎないのだ。

そんなヤクザの皮を一枚一枚剥《む》いていくと、結局そこに残るのは、

「人に注目されたい」

「人に必要とされたい」

などの普遍的な欲求であり、それは私たちとなんら変わることがない「自己実現」への希求なのである。

私が知っているある親分は、病気になって入院するや性格が一変して非常に弱気な性格になった。それは投薬による副作用かもしれないし、食事制限によるものかもしれない。とにかく、ヤクザも病気には勝てないということだ。

人間のパーソナリティまで変えてしまう病気、そして薬や食事というのは、それだけ人に影響力をもつということも付け加えておこう。

ヤクザの品格

私のガキのころからの親友で、総会屋の事務所を構えていたKというヤツがいた。そのKの事務所がある組と抗争になりかけたときの話だ。

Kは私を呼び出すと、

「○×組の若い衆にナメた真似をされた」

と、会うなり私に対して怒りをぶちまける。そして、

「こうなったら絶対にやってやる」

なんて興奮して言うのだ。

抗争がはじまったら迷惑極まりないと思った私は、仕方なく様子見という感じで、その○×組の事務所に顔を出し、静かな声でこう言った。

「おまえらのなかに、Kの事務所にナメた真似したヤツがいるそうだな。詳しい話を聞かせてもらおうか」

そうしたら、幹部クラスの風貌の男が、

「いま責任者がおりませんので、今日のところは。のちほど挨拶させていただきます」

そう答えた。

実はこの文言、ヤクザの業界用語で、

「長期、または永く会わない」

という意味なのだ。

京都の言い回しで「どうぞ、ぶぶ漬けでも召し上がってください」と言われたら、「そろそろお帰りの時間ですよ」という意味なのと同じで、

「この件に関しては丸く収めて、お互いになかったことにしましょう」

という意味だ。

たとえば、あるヤクザの女が、自分の目の前で旦那を撃たれたりしたときには、すぐに旦那をかばって同じように言う。

それ以上、旦那にも周りにも被害が及ばないようにするためだ。撃った鉄砲玉のほうも、それを言われたらそこまででやめる。

「永く会わない」、つまり「これ以上迷惑をかけることはない」と言っている人物に対して、そこでやめないと組の面子丸つぶれということで、のちほど自分自身が組で処罰される場合もあるからだ。

私はそういうことを言われたものだから、「貸しにしておく」ということで引き上げようとした。こっちも興奮しているから組事務所を出る間際には、いわゆる鬼の形相というヤツで睨みつ

けてやった。

　そのとき、向こうの若い衆が余計なことを言った。

「兄さん、男前が台無しだよ。仁王様になってるよ」

「何か言ったか、シャブ中野郎！」

　こっちがそう答えるやいなや、木刀みたいな棒でいきなり殴られた。いや殴られたのは私ではない。悪態を吐《つ》いたその若い衆が身内にやられたのだ。

　その若い衆は鼻血をダラダラ垂らしながら、その後は無言だった。私もそれで許してやった。けじめはついた。

　ヤクザ業界で、たとえばこれを「七三で」とか「六四で」などと金で解決させようとすると、事態はさらに悪化し、のちの抗争の火種になったりする。当然、何もしなければそれはそれで抗争に発展する。

　たとえばこんな話がある。都内のある一家で事務所の留守番を任されていた若い衆の話だ。

　その若い衆が事務所の留守番中に、ある二人組のヤクザが顔を見せた。二人は関西人で、事務所に誰もいないと見るや、その若い衆にゴロを巻いたような口をきいた。二人組の属する組織は絶大な力をもっていた。

　その二人組は公式の使者ではなかったが、ゴロを巻くということは侮辱したことになる。この行為は、ヤクザ業界では組に売られたケンカと同じである。その若い衆は得物を手に取ると、二人を殴り飛ばし死ぬまで叩き続けたという。

その若い衆はそれから自首したが、その前に関係する組や団体に、

「○○組の二人を殺しました。道具は使っていません」

ときっちり報告した。

この場合の道具とは、けん銃や刃物の類いである。

その後、都内のゴロを巻かれた組は、敵対した団体と本格的な抗争になったが結局は白旗を揚げ、傘下にとりこまれてしまった。

そのため関西ヤクザのなかでは、この若い衆のことを、

「組に迷惑をかけた考えの足りない若い衆」

と見る向きが少なくないが、実は関東ヤクザの間では美談として語られることもあり、陰では評価が高い。

「いま責任者がおりませんので、今日のところは。のちほど挨拶させていただきます」

とは言わず、関東極道の心意気を見せて面子を守ったのだと話すヤクザもいる。

当時は、関西弁を東京でしゃべられることが関東ヤクザにとってはアレルギーになっていたから、この話は伝説的な美談になっている。警察のなかでもこの話を「痛快だ！」と評価する人がいたほどだ。

もちろん、それで罪が消えることにはならないが。

第3章　日本の警察、アメリカの警察

特別捜査官の知られざる事情

刑事ドラマ『踊る大捜査線』の青島巡査部長がそうであったように、警察官には一般サラリーマンを経て中途採用された者も多い。

事実、私も約一年の貿易会社勤務を経て警察官になった一人である。

近年では一般の中途採用枠だけでなく、専門職「特別捜査官」としての中途採用枠が整備され、一般企業からのリクルート組が活躍している。この「特別捜査官」には現在、次のような職種がある。

●財務捜査官（警部補）

古くはリクルート事件、そしてライブドア事件など、金融犯罪・企業犯罪捜査などの財務分析を担当。現在では、テロ組織などが使用する海外の地下銀行の資金解明や暴力団のフロント企業の分析解明なども行う警察官である。採用されるための資格は、税理士もしくは会計士補の資格。そして、各種会計帳簿・伝票類、外国為替、手形、小切手に関する専門知識があり、民間や官庁における五年以上の勤務歴がある人間が望ましいとされる。

●科学捜査官（警部補）

ＤＮＡ鑑定や麻薬や覚せい剤など、成分分析用のソフト開発などを担当。採用条件としては、電気および電子工学に関する修士の学位を所得しており、電気や電子工学、とくに電子情報機器に関する知識とプログラミング技術を要求される。

●コンピュータ犯罪捜査官（巡査部長）

オンライン上でのハイテク犯罪の捜査、ハッキングをはじめとするハイテク犯罪防止のためのセキュリティ対策などを担当。ソフトウェア開発技術者もしくは資格所持者で、民間や官庁での三年以上の職務経験。システム開発能力、インターネット・セキュリティに関する専門的知識が必要とされる。

このように、「特別捜査官」に必要とされているものは、ズバリ実戦経験である。ウィニーをはじめとするファイル交換ソフトによる情報漏えいなどが多発している現在、警察官へのハイテク知識強化のためにも、実戦経験豊富なコンピュータ犯罪捜査官がより増強されるべきだと私は考えている。

しかし、毎年の採用はかなり少ないのが現状である。国防の観点からも、「特別捜査官」の増強をぜひ現役諸君に一考していただきたいと思う。

一方、犯罪先進国アメリカでの警察官の前職はどうだろう。『24-TWENTY FOUR-』のジャック・バウアー、『マイアミ・バイス』のソニー・クロケットなど、映画やドラマなどでは軍隊出身者が圧倒的に多いが、これはフィクションではなく事実なのだ。

なぜなら軍隊経験者は、警察官の基本訓練となる各種銃火器や格闘技をすでに軍隊でマスターしているので、訓練期間が短縮できるのだ。もちろん、法学の授業などはキッチリと受講する。警察官は犯人逮捕が第一目的。だから、法務はしっかりと学ぶ必要があるのだ。

軍隊経験者でとくに重宝されるのが、特殊部隊出身者である。彼らは軍隊時代、常に最新兵器に触れており、爆破物処理、医療、無線の知識もすべて最新のものを習得している。たとえ警察学校に入りたてであっても、実戦においては訓練教官よりはるか上のレベルに達している者も少なくないのだ。

ＳＷＡＴなど警察内の特殊部隊では即実戦に参加させられるし、訓練教官としても優秀な人材となるのである。このような理由でアメリカでは、特殊部隊出身者が警察組織で重宝されているのだ。

しかし、警察組織が特殊部隊出身者を積極的に採用するのは、裏の理由もある。

仮に、彼らがテロ組織に加わってしまったらどうだろう。最新の兵器を扱え、各国の軍事事情にも精通している人間がテロ組織を訓練するようになってしまっては、最強の敵をより多く作り出してしまうことになりかねないのだ。

このような理由で、優秀な特殊部隊出身者を国の目の届く場所で監視するには、警察が最適なのである。

もちろん、警察だけでなく各国諜報機関も積極的に特殊部隊出身者を受け入れる。その理由は警察とまったく一緒だ。現実の世界にも、『24-TWENTY FOUR-』のジャック・バウアーのような男がゴロゴロいるのだ。

日本にも軍隊経験者が警察官に多かった時代がある。終戦直後〜昭和四十年代ぐらいまでは、憲兵出身の警察官や、旧陸軍のスパイ養成機関・中野学校出身の公安捜査官などが現役で活躍していたのだ。

実は、『こち亀』の大原巡査部長も元軍人である。長期連載のためか、現在はこの設定が削除されてしまっている。ちなみに、この私キタシバが一時期『こち亀』の原作を書いていたことも、一般にはあまり知られていない。

日米警察官の労働時間

私の考えるもっとも睡眠時間の少ない職種といえば、タレント、そして警察官である。両方の世界を見ている私がいうのだから間違いないだろう。

しかもタレントは売れるほどに睡眠時間が削られ、警察官も職務に取り組んで励めば励むほど睡眠がとれなくなる職種だ。私はタレントではないという自覚があるが、犯罪アナリストとして画面露出が多くなれば同様だ。

「北芝さん、朝からテレビに出て、本も書いて、睡眠時間は大丈夫ですか？」

と、キレイどころの女子アナから収録の合間などに心配されることが多々あるが、私の答えはいつもこうだ。

「な〜に、警察官時代に鍛えられていますからね、たいしたことないっすよっ！」

事実、警察官の睡眠時間はかなり厳しいものだ。忙しい所轄などでは四日のうち一回は完徹を強いられることがある。ちなみに、警察官の通常の交番勤務は左記のようになる。

●０９：３０〜１０：００　前任者からの任務を引き継ぎ勤務開始

●10：00〜12：00　管内区域パトロール、その他地理指導、犯罪処理など
●12：00〜13：00　昼食（雑務が途切れぬために実際の食事時間は十分に満たない場合も少なくない）
●13：00〜15：00　地理指導、拾得物取扱い、犯罪処理など
●15：00〜18：00　管内区域パトロール、犯罪処理など
●18：00〜21：00　帰宅時間帯の交通整理、犯罪処理など
●21：00〜02：00　管内区域パトロール
●08：00　通勤通学時の交通整理、書類整理など

夜勤を含め、ざっとかいつまんだ状態でこの働きっぷりである。

また、交番勤務といっても地域格差があるのだ。

たとえば、私が勤務していた数寄屋橋交番は、一日二百件の地理指導（いわゆる道案内）や犯罪の処理がある。そして築地交番は深夜から早朝にかけて大変な台数のトラックが市場を行き来する。都内のディーゼル規制が施行される以前は、東京一空気が悪い交番といわれていた。三時間ほど交通整理をやっただけで、顔や腕だけでなく鼻のなかまで排気ガスで真っ黒。あまりにも空気汚染がひどいので、築地交番には特別に酸素吸入器が置かれたほどである。

繁華街、とくに歓楽街と呼ばれる地区の交番もハードな勤務だ。深夜帯のパトロールでは、泥

酔者の処理、ケンカの仲裁、違反車両の取締りなどなど、一般の方々がアフター5を満喫していればいるほど警察官の任務は膨大な量になっていくのである。

このような劣悪な労働環境が、日本の警察官の肉体のみならず、精神までも疲労させていることは非常に問題である。

一方、アメリカでは警察官の激務を軽減するために、徹底したシフト制が採用されており、徹夜などの無理な労働は極力させないようになっている。

たとえば、八時からはじまる仕事で八時間働く。そうすると十六時に交代となる。交代した警官は午前〇時まで働く。シャワーを浴びたり、同僚と雑談したりで帰宅は一時。

しかし、日本と違って自動車通勤だから、ちゃんと帰宅できる。日本では、タクシー代をケチって署に泊まったりしてどんどん生活リズムを崩してしまう者も多いが、アメリカの警察ではそういうことは絶対にさせないのだ。

このようにアメリカの警察官は、安定した生活リズムを維持することで体力的にも精神的にも疲労を極力軽減するような体制ができている。

事実、アメリカの警察官の平均寿命は八十歳前後である。精力的な活動とそれを維持するための適正な生活リズムによって、一般職種のアメリカ人より長寿となっているのだ。

一方、日本の警察官の平均寿命は六十二歳。もちろん、銃社会であるアメリカのほうが、圧倒的に殉職率は高い。しかし、日米警察官の平均寿命の差は考えなければならない問題だろう。

現在、警察では、民間の医療機関と連携し、相談窓口を作って、精神科医やカウンセラーなどのカウンセリングを受けることを促すという対応を行っている。毎年、八千件以上の相談があるということだが、これだけではまだ不十分といわざるをえない。精神に支障をきたしたときのケアはもちろん大事ではあるが、根本的な問題として、警察官が意欲をもって職務遂行ができるように、制度改革が必要なのである。

具体的には、アメリカを見習った勤務シフトの導入が、警察力をアップさせ、警察官の寿命を伸ばすことになるであろう。実は日本の警察でも戦後の一時期、アメリカに習い、八時間シフト交代制を試験的に導入したことがあると、警察ＯＢの方に伺ったことがある。

しかし、新制度導入後、結核が大流行してしまった。当時の警察官は、栄養状態が悪いうえに、通勤に時間のかかる郊外に住んでいる者が多かったからだろう、とＯＢは言う。

そして、この混乱によって、八時間シフト交代制が廃止されたというのだ。

勤務意欲を高める理にかなった素晴らしい制度が、このまま忘れ去られてしまうのはもったいない。警察官の勤務制度改革を可能にするのは、キャリアと呼ばれる約五百人の高級警察官僚だけだ。彼らに、ぜひ検討してもらいたい。

自殺する警察官たち

日本のノンキャリ警察官の厳しい勤務状況を前項で述べたが、労働条件のほかにも、彼らには職務上厳しい状況がつきまとい、自殺する者が後を絶たない。

平成六年度から平成十五年度までの十年間に自殺した現職警察官の数は、全国で三百三十一名いるという報告もある。そして、そのほとんどが、若手・中堅ノンキャリ警察官である。

多くの自殺者の動機が、理想と現実のギャップである。警察組織というものは、一般企業に比べ、上下関係が厳しいいし、世間の目という社会的重圧を常に受ける。にもかかわらず、報酬は一般企業に比べ優遇されていない。捜査費用でお金を使いすぎてしまい、気づいたら借金で首が回らなくなっていたという捜査官も多くいた。

また、任官前に描いていた警察官の理想像が高すぎる場合、反動で絶望してしまい、重度のうつを発症してしまう。こうなった場合、快方に向かうのは難しく、最後には自ら命を絶ってしまう。

しかし、警察官の主たる自殺の原因はほかにもある。それは、職務上非常に誘惑が多いということに起因している。はっきりいうならば、闇社会に取り込まれてしまい、脅されてどうにもならなくなるのだ。そして、闇社会との繋がりを断ち切るには自殺するしかないと、自らの頭をけん銃で撃ち抜く。

どうしてこのようなことになってしまうのか、もう少し詳しく説明しよう。

警察官は、ある種の権限保持者として常に闇社会の人間に狙われている。彼らは闇社会の情報を提供するとか個人的な相談という名目で、とにかく警察官と接点を持とうとする。具体的には食事会やゴルフのイベントを設けておびき寄せるのであるが、それ以外にもターゲットにする相手の趣味趣向に合わせて様々な場を設ける。

いったん場を同じくしようものなら、とことん利益を施す。物、金、女、あらゆる便宜を巧妙に働きかけ、拒否できないようにしてしまう。

義理でがんじがらめにして心理的に飼いならされたころ、闇社会の人間は捜査情報を聞き出したり、闇取引を見逃すよう口にするのである。

警察官は、そのような闇社会の人間たちの手法を当然知っている。個人的な心の弱さで屈服する人間もなかにはいるが、頑強な精神を持った人間でさえ籠絡《ろうらく》されることがある。

それは、上司から闇社会の人間と接触するよう頼まれた場合だ。当然、上司の依頼は拒否することができない。まして、上司が相手側の利権関係に深く関わっていることを知っていれば、部下として上司を見殺しにできないという特殊な心情を抱いてしまう。

上司を守り、救い、あるいは不祥事になった場合、自分が取り繕ってやらなくてはならないという感覚をもつのだ。このような心理から闇社会の人間と接触した事例が近年、メディアにも紹介された。

しかし、そういった、ある種非常に善良な動機をもって、悪事を行おうという者たちと接触するのだから、ターゲットにされた警察官は、だいたい闇社会に食いつかれて弱みを握られてしまう。それをネタにある種の脅迫とか、ハメ落としにひっかかってしまう。ミイラ取りがミイラになる、といえばわかりやすいだろうか。

結局、明るみになった警察官の不祥事は、自殺、あるいは複数の自殺というかたちで幕引きとなる場合が少なくない。具体的な案件を述べることはできないが、実はそれは毎年起きていることなのだ。公表されている新聞記事には表向きの理由が書かれているだけで、その裏には、闇社会に絡め取られた警察官が自責の念に耐えられず死を選んだ、という真相があるのだ。正義感が強かったゆえの結末であることを思うと、誠に残念でならない。

アメリカの警察官の自殺に関しても、日本と似通ったケースがもちろんある。ただ、それは日本よりもっと露骨である。

日本ではありえないと思うような不祥事が、アメリカでは日常的に起きている。まるでハリウッド映画に出てくるような悪徳警察官が、実際にいるのだ。

たとえば、パトロール警察官による一般市民に対してのたかり行為は珍しくない。飲食店などでは、制服を着たまま食事をするが、その日のスペシャルメニューを当然のようにタダで食べる。また、同行の仲間にもそれを提供させる。それから、ガードマン料と称して街頭の娼婦たちから、闇税（みかじめ料）をとっている。

麻薬取引の現場では、別の敵対勢力の襲撃を防ぐために取引場所から数ブロックしか離れていない場所にパトカーで横付けしている。つまり、利益を受けている勢力のドラッグディーリングをガードしているのだ。

私は実際に不祥事現場を見たわけではないが、ロス市警を退職した知人たちに話を聞くと、とにかく枚挙にいとまがないほどあるという。

このような事態が蔓延しているのがアメリカの警察の現実であり、そのなかで精神のバランスを崩し、自殺が起きている。ただ私は、アメリカの警察官の自殺には薬物の影響が大いにあると睨んでいる。

日本の警察のような過酷な勤務状況にはないアメリカの警察官は、肉体的には健康であるといえるが、先述したような護民官としてのモラルが地に墜ちたような自分に平然としていられるかというと、そうではない。

だからアメリカの警察官には睡眠薬を常用している人も多く、さらに睡眠薬の常用者は少しのきっかけでうつ傾向になってしまう。そこで「ＳＳＲＩ」という抗うつ剤に手を出す。

ＳＳＲＩは最新の向精神薬で、アメリカの警察官のなかには朝、目が覚めたら日課として服用する人間もいる。私がアメリカの警察官の家に泊まらせてもらったとき、何度も目にした光景である。

また、横田基地の住宅にしばらく滞在させてもらったときも、基地の住人たちはみんな、朝起きたら抗うつ剤を飲んでいた。アメリカではサプリメントを服用するような感覚で、抗うつ剤を飲むのだなと驚いたものである。

しかし、それは自然の摂理にまったく反することだ。もちろん、彼らもそれはわかっていながら服剤している。

警察官や兵隊になったアメリカ人たちから感じたことは、どこか自分は消耗品なのだから仕方ない、とあきらめているような空気があることだ。彼らが自殺する背景には、職務上の背徳↓薬物↓精神的荒廃があるのだろうと推察している。

ただ、アメリカでは経済的困窮がきっかけとなって心身を崩さないように、自身で対処可能にする制度もある。実はアメリカの警察では副業が認められているのだ。私の場合は、密かに漫画の原作を書いていたわけだが、アメリカの警察官はそれを堂々と行うことができる。たとえば、休日にガードマンをやったり、健康食品の販売をやったりしている。

このように、アメリカの警察では副業を認めているから、警察官がある程度の副収入を確保できるので賄賂に強い。

副業ができずに、病気の家族を支えているとか、ローンで首が回らなくなってしまう日本の警察官とは違うのだ。もちろん、八時間交代というアメリカ警察の勤務形態が副業を可能にしていることはいうまでもない。

おそらく、日本でも副業をある程度認めれば、財力に関して余力ができ、そこで、闇社会と関わらずに済む状況が生まれるだろう。

それは、現在よりもよっぽどセーフティーな状況であると考えられる。警察官の心身不健康な状態が生み出す自殺というネガティブスパイラルを断ち切るために、アメリカの警察制度を思い切って導入してみたらどうかと思う。

清貧に耐えながら一般市民のために働く。それが警察官の真の姿であり美徳だという考え方はもうやめたほうがいい。警察官の自殺者を減少させるためには、あるべき警察官像というものも変わっていく必要があると思うのだ。

アメリカ警察との出会い

私のアメリカ警察とつながるファーストコンタクトは、私自身が高校生、一七歳くらいのときだった。やんちゃ盛りで、銀座や赤坂、六本木辺りでストリートファイトに明け暮れる日々を過ごしていた。

当時の私は、女遊びには目覚めていなかったが、ケンカだけは三度のメシと同じくらい好きで、毎日のように悪そうなヤツを見つけては、ストリートファイトをしていたのだった。

そんな生活をしていたが、私と遊び仲間の間には、妙なステータス意識があった。それは、アメリカのヤンキーとケンカして勝つということだった。六本木に『トムス』という、GI（アメリカ軍兵士の俗称）のたまり場になっていたダイニング・カフェがあった。そこで、GIともめて殴り合いができたら一流の不良、勝つことができれば超一流の不良、という判断基準が私たちにはあったのだ。

私も初めてGIとストリートファイトをする前は、勝てるかどうか不安だったが、実際にやってみると思っていたほどたいしたことはなく、私は三連チャンで勝ってしまった。

そんな風に拳を交えた間柄でも、さすがにのしてしまった相手とは遺恨が残るが、殴り合い相手以外の周辺者たちとは何度か会ううちに仲良くなることもある。

「おまえがケンカで倒したヤツ、ミッドウエスト出身の田舎野郎で性格悪いんだ。よくやった！」

相手のグループも一枚岩ではないので、いいファイトをした場合、このように声をかけられ、ＧＩ連中と仲良くなっていった。

当時、ＧＩはすごく金持ちだった。ドルは円と比べていまの三倍以上の価値があったから、若いＧＩでもうなるほど金を持っている。それで仲良くなったＧＩ連中に食事をおごってもらったりしていた。トムスでケンカして、仲直りは『ジョーズ』というバーで、というのがお決まりのコースだった。

ＧＩ連中と食事しながら話していると、「国に帰ったら何をやるんだ」という話になるのだが、驚いたことに一番多かったのが「警官になる！」という答えだった。

アメリカの警察は、ハイスクールにまじめに通っていないタトゥーが入っているような連中でも、軍隊にいて国のために働いた人間は、名誉の除隊ということになり、経歴に大きな問題がない限り、だいたいが警官に採用されるというのだ。

トムスで出会ったＧＩ連中がアメリカに帰って警察官になり、また休暇で日本に遊びに来ると、当時の私は大学生だったので学食に連れて行ったりした。

いまはだいぶマシになったが、そのころの早稲田大学の学食なんてまずくて食えたものじゃなかった。しかし彼らは、日本の大学のキャンパスで学生たちとメシを食える珍しい貴重な体験だと感動していた。

大学時代、私はアメリカンフットボールをやっていたので、彼らを試合に招待することもあった。また、彼らが基地の友人たちを連れて観戦に来たりするので、さらに新たなアメリカ人との交流ができた。その後、私がアメリカに遊びに行き、現地で友人が、職場の同僚の警察官を紹介してくれたりするものだから、アメリカの警察官の友人がどんどん増えていくことになった。そのなかにはＦＢＩに入った者もいた。

つまり、私のアメリカ警察との関係は、在日米軍人を通じてのものであり、それは、完全にプライベートな付き合いのなかで育んだものであった。

アメリカ警察のマル秘捜査協力

私が警察世界で上司に認められるようになったのは、英語力と負けん気と、不眠の労働にあると思っているが、もちろん前項で話した、プライベートで育んだアメリカ人警察官との交流もあっただろう。実際、アメリカの友人の捜査官たちのおかげで事件の全貌が解明したというケースもある。紹介しよう。

事件は、ある真冬の夕刻に起きた。銀座のとある高級ブティックに、イギリス人とマレーシア人の混血（ハイブリッド）のきれいな女が現れた。格好は、半袖のブランド品のワンピースを着ただけ。女はあまりの寒さに耐えられなかったのだろう。ブティックに入るとすぐに毛皮のコートを試着すると、それを着たまま金も払わず店を飛び出したのだ。

あわてた店員がすぐさま追いかけていき、女を取り押さえたが、毛皮の金額が金額なだけに、万引きではすまされないということで交番勤務の警察官が駆けつけた。

私はそのとき私服の刑事として、様々な案件への対応に追われていた。しかし、徹夜が続いていたので、ちょっとひと息いれるかと署で仮眠をとりはじめた、そんな矢先、事件の通報があったのだ。犯人が外国人だということがわかると、すぐに同僚が私を叩き起こした。私は眠い目をこすりながら白ナンバーの私服車で現場に向い、調書をとることになった。

しかし、取調べを進めるうちに目が覚めた。何かがおかしいのだ。Kプラザホテルに女は泊まっているというのだが、パスポートも持っていないし、どことなく落ち着きがない。そこで女性警察官を呼んで身体捜検をすると、女の膣のなかから防水加工した純度の高い大麻樹脂が出てきた。すぐさま本庁から鑑識部隊が呼ばれ、サンプル検査をすると紛れもなく大麻の反応がでた。

すぐさまN警部という上司の指揮で、捜査チームが結成された。チームは全員で四人。英語ができる人間が必要だということで、私も当然のようにチームに入った。

「麻薬が出てきたんだから、きみはもう逃げられない」

そう私が言うと、女は観念したように連れの男の荷物のなかにはもっと大麻があると自供をはじめた。大麻はその男の物であり、Kプラザホテルの同室に泊まっているとのことだった。

「どんなヤツだ」

「J・M・ジョーンズってブラックよ」

「何者なんだそいつは」

「シカゴのブラック系ギャングの幹部。元ヘビー級ボクサー」

「そいつがドラッグの密輸をやっているのか」

「それだけじゃないわよ。香港とマレーシア、そして日本で麻薬の密売以外にも人身売買もやっているわ。私だってその犠牲者なんだから！」

「ほんとかよ。きみ、本当はＪ・Ｍ・ジョーンズの女なんじゃないのか」

「違うわよ。あいつは世界中から集まった金持ちを相手に商売しているの。高級ホテルで金持ちに写真を見せて女を選ばせて、一晩なり二晩なり女を自由にさせて多額の金を取る。さらに私たちに麻薬を売らせるんだから」

その話を聞いたときに、チームのみんなが信じられないという顔をしていた。私はアメリカの友人の捜査官から、国際ギャングシンジケートの悪行を話には聞いていた。しかし、日本では当時、このような事件はほぼなかったので、思わぬところからとんでもないヤマを掘り当ててしまったという感じだった。

私は最後に女に訊いた。

「そのジョーンズって男は、けん銃を持っているのか」

「そんなこと私が知るわけないじゃない。……でも香港では持っていたわ」

私たちチームは、とにかくＫプラザホテルに向かった。

Ｋプラザホテルに着くや、すぐにフロントで男の所在を確認した。すると外出しているという。

「滞在期間は？」

「明日の朝、というかもう本日ですね。チェックアウトの予定になっております」

帰国されてしまっては一巻の終わりだ。捕えるチャンスがあるとしたら、今日の深夜から早朝にかけてしかない。私たちは捜査のルール外ではあるが、ホテルの支配人に事情を話しお願いして、部屋を見せてもらった。

部屋には女の供述通りのスーツケースが置いてあり、開けてみるとなかから大量の大麻樹脂がこぼれるように出てきた。それだけではなく、女の供述通り売春婦たちの写真がファイルされたアルバムも出てきたのだ。

それを見たN警部は、チームのみんなにこう告げた。

「とにかくロビーで張り込むぞ。それらしい男を見つけたらすぐに職質、逃げそうになったら身柄を抑えろ」

「でも逮捕状は……」

そう、あまりにも急に事件が展開したので、逮捕状を請求している暇などなかったのだ。しかも、いまは真夜中である。

「もちろん逮捕状の請求はしておくが、たとえ間に合わなくても男が来たら囲め」

N警部以下、チーム全員がKプラザホテルのロビーで張り込んだ。

私はあまりにも寝ていなかったので、意識が飛びそうになるのをN警部に頭を叩かれたりして必死に耐えながら張り込みを続けていた。そして、明け方になったころ、見るからに元ヘビー級のボクサーといった風貌の黒人男がロビーに帰ってきた。それがJ・M・ジョーンズだった。私たちチームのメンバーは、男を見つけると顔を見合わせた。

「あれは……、ヤバいかも」

もう職質なんて悠長なことはいってられなかった。

Ｎ部長の合図で四人いっせいに男を取り囲むと、向こうも状況をすぐに理解したようで逃げ出そうとする。すかさず刑事四人が飛びかかった。しかし、相手は元ヘビー級のボクサーだから、ものすごい剛腕で、大の男四人が子どものように振り回される。私はＪ・Ｍ・ジョーンズの脇腹に手を押し当て、大声で怒鳴った。

「フリーズ！」

男の動きがぴたりと止まった。私のハッタリが効き、ようやく身柄を確保できたのだった。

しかし、そこからがまたひと苦労だった。身柄は抑えたが逮捕状はまだ出ていない。つまり、手錠をかけることもできないし、警察に連れて行っても調書はとれない。仕方ないので都内をデタラメに走り回る。Ｎ警部は助手席で無線を使い、

「逮捕状は出たか」

「まだ出ない」

「いつ出るんだ」

「判事がまだ起きてない」

「冗談じゃない。もう夜明けだ、バカやろう」

なんてやりとりを、十分おきぐらいにやっていた。

しかし、裁判所には逆らえない。おそらく二時間くらい都内をさまよっただろう。すると、男

もだんだんこちらの様子がおかしいってことに気がついてくる。

「おい、さっきから同じような景色じゃないか」

「バカ野郎！　日本はどこも貧しいから同じように見えるんだよ」

「いつ着くんだよ。いくらなんでも遠すぎるだろ！」

「うるせぇ、文句言うな！」

そんな風に後部座席で私とＪ・Ｍ・ジョーンズが怒鳴り合っていると、やっと逮捕状がおりたという連絡が入ったので、私はやっと男にこう告げた。

「おまえを逮捕する」

「はっ？　もう逮捕してるだろう」

「いやいまから逮捕するんだ」

そう言って手錠を出し、Ｊ・Ｍ・ジョーンズの手にガチャっとはめた。

「なんだ、これ？」

「だから、いま逮捕状が出たんだよ」

「俺をだましたのか。二時間も」

Ｊ・Ｍ・ジョーンズは、そう言って狭い後部座席で暴れ出した。

「うるせえ！　二時間？　なんのことだ、知らねえ！」

私は男の首に腕を回して、頭突きしたりしてなんとかおとなしくさせた。

取調べは連日続いた。当然、担当は英語が話せる私だったのだが、Ｊ・Ｍ・ジョーンズはムスリムで、豚肉は食べないといって留置場の食事を食べない。仕方ないので私は毎日自腹でケンタッキーにチキンを買いに走っていた。

取調べでＪ・Ｍ・ジョーンズが話した組織の実態の裏をとるため、私はシカゴ市警の友人に電話した。まさに六本木で知り合った元ＧＩ連中の一人である。

「こういうブラックのギャング組織ってあるか？」

「ああ、あるよ。ロスのギャングとも通じている」

「じゃあさ、Ｊ・Ｍ・ジョーンズってヤツは知ってるか。幹部だって言ってんだけどさ」

「おい、そいつは大物だぜ！　おまえ、すごいじゃないか。シカゴのブラックギャングのなかではトップクラスだぜ」

それを聞いたとき、私はたまらなく興奮して「ウォー」と大声をあげたことを、いまでもよく憶えている。

その後、その事件は記者発表もされたが、新聞記事やテレビのニュースでブラックギャングの大物だということはいっさい流れなかった。「警視庁、大麻樹脂を大量摘発」、ただそれだけだった。Ｊ・Ｍ・ジョーンズについても、記事には「運び屋の黒人捕まる」なんて書いてあるだけだった。

それを見たときは、正直がっかりした。もっと根深い事件だし、超大物ギャングの逮捕なんだ

の

からと。しかし、被疑者の情報は公式なラインでアメリカ警察に裏をとったわけじゃなかったので、発表されなかったのだ。

ただ、あとで公式に情報確認がされたとき、まったく私が報告した通りだったので、経緯を知っている日本の捜査幹部は、

「なんでヤツはＪ・Ｍ・ジョーンズの氏素性を公式ラインも使わずに、短時間で照会できたのか」

と不思議がっていた。

アメリカ警察訪問

私のようにアメリカの友人の捜査官とプライベートに情報交換できる場合はいいが、日米警察の間でなされる情報交換の公式ラインというのは、いろいろな手続きが必要で、実際に情報が入ってくるまでに時間がかかる。

まず所轄から警視庁にお願いして、警察庁の対外的な交渉官からアメリカ警察の窓口に文書で回答、または捜査協力を依頼する。しかし、そのような手続きを踏んでいると、前項で紹介したＪ・Ｍ・ジョーンズ事件のように緊急を要する場合は対応できない。

日本の警察は、国際犯罪に対して各国警察とうまく連携できているかというと、そうは言い難いのが実状だ。だからこそ、私のようにプライベートで情報を得られる人間は重宝がられるのだ。

私が初めてアメリカ警察を訪れたのは、まだ警察官になる前だった。大学時代のアメフト部の先輩に当たる人が旅行会社に入社していて、ある日電話がかかってきた。

「ツアー組んでいるんだけどさ、行かない？　安くしとくよ」

「先輩が自分で行けばいいじゃん」

「いや、俺は添乗員として行くからさ、行こうよ」

そんな風に、突然降ってわいたアメリカ旅行がきっかけだった。

ツアーのルートはホノルル経由のシアトル、シカゴだった。私は当時大学生で、警察官になるのもいいなと密かに考えていたが、何よりも好奇心からシカゴ市警察本部に電話して見学を申し入れた。すると、意外なほど簡単に了承の返事が返ってきた。

二回目の訪問は、警察官になってからであった。そのときは、シカゴ市警の巡査部長が運転するパトカーに乗せてもらいながら、街を見せてもらった。私服の捜査官になる前のことである。日本で交番勤務の巡査が、アメリカの巡査部長の運転で市内見学しながら、いろいろと興味深い話を聞かせてもらったのだから、最高に楽しかった。

それから私はニューヨーク市警、ロス市警にも行って同じ経験をした。サンフランシスコ市警、サンディエゴ市警、ダラス市警、オースティン市警……。一時期、全米のいろいろな警察署を巡るのが私の趣味のようになっていた。ロス市警に関してはその後、二十回くらいは行っただろうか。

ジミー佐古田氏と知り合ったのも、アメリカ警察巡りをしていたときであった。彼は、一九八一年十一月、三浦和義氏の当時の妻である一美さんが、ロサンゼルスで頭部を銃撃された事件の捜査で、日本でもよく知られた存在になるが、この『ロス疑惑』解決のために奮闘したロス市警アジア特捜隊のメンバー、富田氏、ミッチ加藤氏、荒井氏とも知り合いになった。

ロス市警に行って面白いなと思ったのは、平日は普通にサラリーマンや職人として働き、土日だけ制服を着てけん銃を持って、パトロールカーでパトロールしているボランティアの警察官がいたことだ。もちろん彼らは逮捕もできる。アジア特捜隊のメンバーの一人も、このボランティア警察官から本当の警察官になった。

何回目のロス市警訪問だったかは覚えていないが、ジミー佐古田氏がまだ麻薬捜査班にいたころ、麻薬のディーラーに化けて潜入捜査している現場で密かに会って、ダウンタウンにある店で食事をしたこともある。

若いころの彼は、非常にイケメンのいい男だった。彼には日系人の奥さんがいて、これがまた超美人。

「実はね、彼女は某美人コンテストで優勝したことがあるんだよ」

ジミー佐古田氏は、少し自慢げに言っていた。

それはさておき、私が正式に公務でアメリカ警察と関わったのは二回である。

順序が逆になるが、二回目は、連邦麻薬取締局に警察庁のデータを持って行ったときだ。その内容は詳しく述べることはできないが、日本警察だけが世界規模のある麻薬ルートの全貌を解明したため、膨大なデータ書類をアタッシュケースに入れて届け、その説明をするのが私の任務だった。

一回目は、ロスにプライベートで来ていたときに捜査協力を依頼され、公務につくことになったのである。私は突然のことで驚いてしまったが、とりあえず日本に電話を入れて、「これからロス市警に捜査協力します」

とことわりを入れると、上司から許可が出て捜査協力することになった。

その仕事内容は次のようなものであった。

事件は捜査協力を依頼される数日前、『ボナベンチャー・ホテル』というロスのダウンタウンにある高級ホテルで起こった。被害者はそのホテルに宿泊する、高級ツアーに参加していた日本人の金持ちたち。彼らは、黒人男女数人のギャンググループに襲われて、金品を奪われたのである。

手口は巧妙で、従業員の制服を着たギャングたちが部屋に押し入り、被害者たちが出てくるとすぐに取り押さえ、暴力を振るってバスタブのなかにぶち込み、縛り上げた。ゆっくりと室内を物色し金目の物はすべて奪い去ったので、総額でものすごい額の被害が出たのだという。

幸い、その黒人ギャングたちはロス市警によって逮捕されたが、肝心の被害者たちがツアー客なので取調べをしている間に、日本に帰国してしまったのだ。

アメリカでは被害者がいない場合、裁判のとき有罪にすることが困難だ。それで私の力が必要になったというわけである。アジア特捜隊のなかには、日本語を理解する人間も何人かいるが、高級ツアー客のなかには高齢者や地方出身の方も多く、方言まではさすがにわからないということで泣きつかれたのだ。

「ロス市警のＢＳＩ（ビューロ・オブ・スペシャル・インベスティゲーション）から、日本人の警官が電話しています。先日、ロスで被害にあわれた件で公判がありますので、被害者として出廷していただきたいのですが……」

こんな風に、被害者全員に電話して、それでやっと何人かロスに来てもらい、事件は無事に有罪にすることができたのだ。

そんなこんなで休暇は台無しにされてしまったが、捜査協力をしたおかげで、ロス市警の連中ともさらに仲良くなった。

ところで、なぜ私がこんなにも休暇のたびにアメリカに行けたかというと、それは漫画原作をすでに副業としてやっていたからである。当時は、『俺の空　刑事編』の原作を書いていたので、どうにか情報提供者への謝礼、上司・後輩たちへの援助をし、残った金でささやかに遊べたのである。

普通の薄給の刑事だったら、プライベートでこのように海外人脈を作るなんてことは、おそらくできなかったであろう。

けん銃撃ちまくりのロス市警

ロス市警は、全米で弾薬消費量がダントツの一位である。私は実際に現地で、捜査現場を見学させてもらったことがあるが、それを見たときに納得した。とにかくロス市警の連中は発砲することに躊躇がない。

私が見学させてもらったのは、ブラックとヒスパニックの麻薬ギャングの拠点に踏み込むという現場だった。もちろん私は部外者なので、少し離れたところに停めてある刑事の私用車の助手席に座って、その様子を見ていた。

まず、ロス市警の連中がその拠点を取り囲む。すると、どこかで一発の銃声が聞こえ、そこからいっせいに銃撃戦が始まる。初めの銃声はどこから聞こえたのか私にはわからなかった。ギャング側だった気もするし、警察からという感じもした。

最初に「パン!」と聞こえたとたん、ロス市警側がいっせいに銃撃をはじめる。建物の壁は木製だから、銃弾がめり込んで木片が飛び散るのが遠くからでも見える。なかからギャングも撃ち返したりしてはいたが、それは散発的でほとんど抵抗なんてできない。

それでもロス市警側は、拠点になっている家が壊れるくらい躊躇なく撃ち続ける。そして、S

ＷＡＴみたいな特殊装備をした連中がいっせいに建物に潜入すると、再びなかからけん銃の音が聞こえてくる。

五分も経たないうちに、誰かが「終わったぞ」と言うので、係官や鑑識が現場に入っていった。写真も撮り終わったので、私にも「見たければ入ってもいいよ」と声がかかった。好奇心にかられなかに入ると、そこには六体くらいの死体が転がっていて、まだ乾いていない血がドクドクと流れ出て床に広がっていた。

「ベトナム戦争もこれだったのか」

ベトコンに見えたら絶対に撃つ。動くものは全部撃つ、というアメリカのメンタリティ。それをまざまざと見せつけられた気がした。

死体は男ばかりでブラックが五体。ヒスパニック系が一体。全員有色人種だった。彼らの容貌は確かに凶悪な感じであったが、私には「本当に全員ギャングなのか」という疑念や、「ここまでする必要があるのか」という思いがよぎった。また、「犯人が白人であったら、こんな蜂の巣みたいになるまで撃たなかったんじゃないか」とも思った。

このような状況になったのは、ＦＢＩが現場に来なかったことも関係あるかもしれない。ＦＢＩや州警察がいたら問題にしたかもしれないけれど、ロス市警だけの場合は、身内しかいないから、自由な捜査方法を現場で取る、というのは考えられる話である。

ただ、一方でロサンゼルスでは、ギャングと市警の抗争で死人が出るのは日常茶飯事という現実もあった。それこそ私が見たような激しい銃撃が、確実に一日一件から二件くらいのペースで起きていた。

犯人側は常に銃を装備している。手榴弾やロケット砲などで武装している犯罪組織も珍しくない。だから、命を守るためには乱射するのも仕方がないことなのかな、という気持ちにもなった。

私は何十メートルも離れた刑事の自家用車の助手席に座りながら、殺し合いの様子を傍観するという体験を通じて、アメリカのような犯罪社会が到来しないよう、これからも日本の治安維持に努めなくてはならないと感じさせられたのである。

アメリカ警察のマインドと三浦和義氏

三浦和義氏がのちに『ロス疑惑』と呼ばれる事件の当事者としてロサンゼルスにいたとき、実は私もプライベートで同じ地にいた。もちろん現地で彼に会ったことはない。帰国して、ロス疑惑が報じられたとき、同時期に同じ場所にいた三浦氏に対して、なにやら因縁めいたものを感じたのを覚えている。

彼と直接口を訊いたのは、数年前、TBSのニュースバラエティ『サンデージャポン』の正月番組の収録が初めてなので、つい最近のことである。そのとき、三浦氏は少し遅刻して収録現場に現れた。

「どうもすいません、三浦です」

颯爽としていて身なりもピシッと決めている。座っていてもどっしりと構えていて、なかなか風格のある人だと思ったのが最初の印象である。

二度目は、ヘアヌードの仕掛け人として有名な高須基仁氏の事務所開きに呼ばれた際、少しだけ顔を合わせ話した。三度目はその縁で二〇〇七年の二月、三浦氏が代官山で行ったトークショーに呼ばれて出演した。楽屋で「出待ち」をしていたとき、三浦氏の眉毛《まゆげ》が刺青《いれずみ》でできているという事実を聞き、その場で確認したのだが、「へぇ〜、すげえ！」と、わけのわからぬ感心をした事を記憶している。

以降、三浦氏には会っていないのだが、私は彼がアメリカで再逮捕されるなどということは、まったく想定していなかった。

コールド・ケース・ハミサイド・ユニット。通称『ＣＣＨＵ』は、近年、ドラマにも取り上げられているのでご存じの読者もいるかと思うが、未解決殺人事件に限って特別に捜査をするチームである。

そのＣＣＨＵが、三浦氏の犯行を裏付けるべく、様々な調査を継続していたというのだ。殺人罪に時効がないアメリカならではだろうが、二十七年経って、日本の最高裁で無罪が確定している元被告の身柄をサイパンで押さえるというのは、なんともすさまじい執念だと思った。

もちろん、すべての未解決殺人事件にＣＣＨＵが動いているわけではない。つまり、ロス事件はロス市警のＣＣＨＵにとって、それだけ重要な案件だったというわけである。

ロサンゼルスには、日系人は悪いことをしないというイメージがある。ジミー佐古田氏をはじめとするアジア特捜隊の面々が、あれだけ根気よく捜査を続けられたのも、そのイメージ、世間の社会通念を再び取り戻したかったからだろう。

彼らが認識している、日本人の貿易商が妻を何者かに殺させて、日本に被害者として帰国し、疑惑をかけられながらも最高裁で無罪になったという事実は、拭いがたい屈辱であり、汚点なのである。

三浦氏のサイパンでの電撃逮捕は、現ロス市警の本部長で、元ニューヨーク市警にいたブラットン氏が応援したため実現したともいわれている。

ブラットン氏はジュリアーニ元ニューヨーク市長の命を受けて、ニューヨークのハーレムを一掃して一躍時の人になったが、何らかの事情で二人の関係が悪化し彼はニューヨーク市警を退職し六年間浪人していた。

そんなブラットン氏に手をさしのべたのがロス市警だったのである。ＣＨＵの力だけでは恐らくサイパンで身柄を拘束するまでの力はなかった。その力の及ぶ範囲の限界を超えたのは、彼の影響力があったからに違いないであろう。また、彼自身にも、

「アメリカで起こした犯罪は、アメリカで償わしてやる」

という気持ちが強くあるのではないかと思われる。

三浦氏はクロだという確信を、彼らは強くもっている。今回の再逮捕に際して、決定的な新証拠が見つかったという情報は入っていないが、状況証拠や現場の刑事のカンのようなものが、ジミー佐古田氏にもあるのだろう。だからこそ、あれだけ様々なメディアに対して「アイツはクロだ」というニュアンスで発言できるのだと思う。

状況証拠だけで逮捕に至るケースは、アメリカでは珍しいことではない。なぜなら、保険金目当てで銃撃されて被害者を装うという詐欺の手口や、身内を撃ち殺して保険金を手に入れるよう

な事件が多発しているからである。三浦氏もロスの事件によって一億五〇〇〇万円相当の保険金を手にしたといわれている。

「そういった人間は絶対に幸福になってはいけない」という、誠実、かつ透明性を欲する道義心がアメリカ人にはある。それも、今回の執念の逮捕と関係があるだろう。

ところで日本では、迷宮入り事件を継続捜査する刑事ドラマ『ケイゾク』というのがあったが、CCHUのような継続捜査専門の部署というものは存在しない。

日本の警察が継続捜査する場合、担当者は捜査本部に少し残ることになるが、大きな事件でも数名だけである。実際には、新たに起こったほかの事件も手がけることになるので、名称だけの担当者という場合も少なくない。とはいえ、ある未解決事件を個人の執念で追い続けている刑事もいるので、一概にどうだといえる話ではないが。

日本で有名なコールドケースといえば、三億円事件や下山事件、最近だと世田谷一家の事件もそうであろう。先の二件に関しては、もはやジャーナリストやフィクションの題材として取り上げられる場合のほうが多いが、世田谷一家殺人事件は、現在でも専従班の捜査官が捜査を続けている。

日本で、CCHUのような特別チームが組まれる可能性は、今後大いにあるであろう。それは外国人犯罪の増加に起因している。外国人犯罪者によって日本人の命が危険にさらされている現実、そして帰国されてしまえば捜査できないというケースがあまりに多いからである。このような事件はすべてコールドケースといえるからだ。

未解決事件というのは、これから日本でもますます増えるであろう。そうなってくると、ロス市警のＣＣＨＵのような部署を日本でも発足させないと、これからの時代の犯罪には対応できなくなるのではないかと思う。

部外からでもよい、中途採用で外国人犯罪集団に精通した「特別捜査官」のチーム作成が可及的速やかに必要だ。

ロス疑惑の結末

のちに『ロス疑惑』と呼ばれる事件が起こった当日、私は偶然だがプライベートでロサンゼルスにいた。そして、一緒に行動していたロス市警の友人が、

「日本人の貿易商が撃たれたらしいよ。奥さんが頭を撃たれたんだけど、まだ病院にいて昏睡状態みたいだ」

そんな風に話をしてくれた。

このときは正直、

「旅行中に事件に巻き込まれたのだろうか、かわいそうに」

くらいの感想しかなかった。

ただ、事件翌日と翌々日に、ジミー佐古田氏の部下でアジア特捜隊のミッチ加藤氏に現場に連れて行ってもらった。

現場にはヤシの木があり、マクドナルドの食いカスが無造作に残っていた。ほかには、そばに水道局があってハイウェイがある。特別な感慨は何もなかった。ただ、ここで日本人が事件に遭ったのか、そう思っただけであった。

しかし、帰国してみると、実際に自分が現場まで行った事件がものすごく取り上げられているので驚いた。

「なんだ、アノ事件がこんなにでかくなっちゃったのか」

そういう印象だった。

当時、ジミー佐古田氏をはじめ、アジア特捜隊の日系人連中は全員、強固に『三浦クロ説』を主張した。それには理由がある。ミッチ加藤氏が三浦氏に、

「嘘発見器に任意でかかってくれないか」

と願い出たときに、断固拒否したからで、そのときの尋常でない様子が彼らの心に刻み込まれたというのだ。

三浦氏は嘘発見器が置かれている部屋に来るまでは平然としていたが、ドアが開けられ機械が見えたとき、態度を急変させ、

「冗談じゃない。俺は被害者なんだ！　脚を撃たれているんだぞ！」

そう言ってミッチ加藤氏に食ってかかった。

「まぁいいじゃないですか。やってないんだから。一応これは捜査ルーティンの一部なんです。日常的な作業なんですよ」

そのように説明されても三浦氏は、ミッチ加藤氏の手を振りほどき、松葉杖を振り回して部屋に入るのを断固拒否したという。これは、ミッチ加藤氏から直接聞いた話だ。

彼は後日、そのときのことをこう言って悔しがっていた。

「冗談じゃないよ、あいつはやってるんだよ。嘘発見器を拒否するヤツはやっているケースが多いんだ。あのとき、少し強引でもいいから嘘発見器にかけるべきだった」

一方、事件現場を見た私の印象なのだが、正直にいえばクロかもしれないと思った。完全にクロだとは思わなかったが、「ヤレないことはないな」とは思った。

ロス疑惑報道のあと、妻、一美さん殴打事件（実行犯は元女優）によって実刑判決を受けていた三浦氏は、シャバに戻ってきてから名誉毀損訴訟をして連戦連勝で多額の和解金を手にしたという。そういう事実があるから、今回の場合もまた出てくる可能性があると思う人もいるかもしれないが、今回に関してはその可能性は極めて低いと私は思う。

アメリカという国の世論と司法の精神特性を考えると、そう考えざるを得ないのだ。つまり、ロス市警の勝ちはほとんど決まったと見ることができる。身柄拘束という事態は、当人にとって感慨深く、そして不安な未来となろう。

ロサンゼルスなら、長期の取調べと、日本の警察で「引き当たり」といわれる実況検分が行われる。つまり、三浦氏があの銃撃現場に自由を拘束された姿で連れて行かれるのは間違いない。そして、その様子がテレビで放送される。今度こそ嘘発見器にもかけられるだろう。

それから、いろいろな司法手続きを経て裁判が始まる。裁判の陪審員がクロ評決を出すこともまず間違いないだろう。そうなると裁判の流れにのって有罪が決定されることになる。

そして、死刑、もしくは実質的な無期懲役という判決が下されるであろう。それ以外にアメリカ司法の面子を保てる方法はない。だから、今回ばかりはシャバに出て、本人自ら名誉毀損訴訟をすることは、ほぼありえないだろうと思う。

唯一助かる道があるとすれば、元妻を殺害したとして提訴されたＯ・Ｊ・シンプソン（刑事裁判では無罪となったが、民事裁判では有罪となった）と同じように、多額の金を使って弁護士のドリームチームを率い、白人の黄色人種に対する差別、偏見が強行逮捕につながった冤罪であると訴え、有色人種勢力を味方につけることだ。

このような方法で、センセーションを巻き起こすことができたら、結末は私の前述の予想とは違ったものになるだろう。

三浦氏は私にとって不思議な縁を感じる人ではあったが、再び会って話ができるかというと、その可能性はとても少ないように思う。

第4章　続・素顔の警察官

警察官出世物語

警察での出世の早道は、なんといってもキャリアで採用されることだろう。

キャリアとは、国家公務員採用I種試験をクリアして警察庁へ入った者のことで、全国の警察官約二十七万人のうち五百名ほどしかいない、超難関のルートだ。

ノンキャリアで採用された人間は警察学校を卒業後、巡査として勤務がスタートするのに対し、キャリアは任官すると警部補からはじまる。しかも、キャリアは研修を経ていくらもたたず警部に昇任するので、巡査に比べてスタートからいきなり三つも階級が上になるのだ。出世のスピードは歴然だ。

ノンキャリならば、『こち亀』の大原部長のようにまじめに勤務を続けて巡査部長。退官時に一階級進級して警部補で終わることが多い。

ちなみに、殉職した場合は二階級特進となる。たとえば、東武東上線・ときわ台駅で自殺しようとした女性を保護して殉職した宮本邦彦巡査部長は、二階級特進して警部になっている。仮にこれが職務中の交通事故なら、一階級特進どまりだ。

これほどがんばっても、ノンキャリア採用の者は通常、警部どまりなのである。

とはいえ、どんな世界にも例外はあるものだ。ノンキャリにもかかわらず、異例のスピード出世を果たした男もいる。

M刑事は大学卒業後、警察学校に入校。そして、一年後には巡査部長の昇任試験に合格していた。

Mは、その後も警部補、警部とトントン拍子で進級していった。どの試験も一発合格である。彼は中央大学の法学部出身で、法律にはめっぽう強かったし、何より彼には裏ワザがあった。彼の父親も警察官だったのだ。警察官だった父親から昇任試験のコツをすべて教わり、法学も完璧、これでは試験に合格しないはずがない。まさに無敵だ。三十代を越える辺りでキャリア組とほぼ変わらない階級に達していた。

一方で、Mと同期の連中は巡査部長どまり。四十代、五十代になると、もうこの階級から上を目指すのは難しくなる。

実は巡査と巡査部長の間には、巡査長というのがある。『こち亀』の両津勘吉の階級として一般にもよく知られているが、これは名称であって階級ではない。巡査長とは名誉職みたいなものであり、古参の巡査に与えられる称号である。

巡査長は、ベテランであり、血の気の多いヤツが多い。ヤクザの組事務所にガサ入れの際など、まっさきにヤクザともめるのも巡査長だ。まさに両さんそのものである。

だから、若い巡査たちからも慕われ、上司たちからも一目置かれる存在だ。

また、特殊な例として、昇任試験をまったく受けない者もいる。理由はカンタンだ。昇任してしまうと、現場を離れ暴力の最前線から遠ざかってしまうからである。

そして、キャリアも暴力の最前線からは距離を置かれる。なにせ、警察庁で五百人ほどしかいない存在である。怪我でもしたら大変と、まず現場へは出してもらえない。

大沢在昌の人気小説『新宿鮫』の主人公・鮫島警部は、出世街道から脱線し、犯罪者と直接戦うキャリアという設定だが、実際の警察世界に鮫島警部のような人間はいない。キャリアは警視監の位までは登りつめるし、暴力ご法度の世界なのである。

実は私も、キャリアは暴力ご法度と聞いてノンキャリで受験した。現役のなかにも私のような考えで、ノンキャリを志した者も多いと思う。

腕自慢の諸兄は、ぜひノンキャリで警察に志願してくれっ！

警察官独自の上下関係

警察組織の上下関係でさらに特筆すべき点は「期」だろう。警察官を志し、警察学校に入学した者は、「期」と呼ばれるグループに分けられるのだ。

たとえば、私が第十期入校なら、それ以上の数字のものは後輩、以下なら先輩となる。一般の学校における学年と同じものだと思っていただきたい。「期」には、年齢や学歴はまったく関係ない。

とにかく、「期」が古いほうが警察学校内では先輩となるのだ。この上下関係は任官しても、退官してＯＢになっても心情的には変わることはない。

ちなみに、所轄内では「期」による上下関係はこんな感じだ。

（期は下だけど上司のＡ）「○○くん！　きみ、最近ちょっと仕事が雑すぎやしないか」

（期は上だけど部下のＢ）「はっ！　申し訳ありません。もっと精進します」

一般企業でも見られる光景である。しかし、これがプライベートな時間では、

（Ｂ）「おいおい、仕事が雑なのは、おめぇだろうが！」

（Ａ）「す、すいませんっ！」

（B）「おい、タバコくわえたら火だろ、火！」

という漫画的光景も希《まれ》に見られる。

もちろん、所轄内では階級に則った部下と上司の関係が保たれている。しかし、制服を脱いだとたん、あるいはビジネスアワーが終わって一杯タイムとなったとたんに、「期」の上下関係が適応されるのだ。

アフターファイブには、右のような事態になってしまうのがけっこう多い。ま、なかには上司風を吹かせるイヤなヤツもいるが、人気はない。

このような警察組織独自の「期」の上下関係を最大限に発揮しているのが、先ほども述べた巡査長たちである。彼らは階級は低いが、警察官としてはベテラン。自分より「期」が下の人間がいっぱいいいるのである。

たとえばキャリアとの関係だ。キャリアであっても、警察学校を卒業して任官したら必ず交番での見習い勤務が待っている。

この場合、ベテランの巡査長とコンビを組まされることが多い。なにせ、現場をもっとも知っている人間である。警察官の通常勤務を学ぶには適任の人材なのだが……。

「へえー、東大出てキャリア採用か。もう、数年で署長だな。ま、よろしく頼むよ」

「はい。がんばります」

キャリア組の場合、地方の警察署程度なら、本当に任官して数年で署長になってしまうのだ。

そして、このキャリアくんが署長となって、ベテラン巡査長の上司として再び現れると、次のような展開となる。

「お久しぶりです！　交番時代はお世話になりました」

「いいよ、いいよ。今度飲みに行くか」

「はい。いまから飲みに行きましょう！」

意気揚々と飲みに行くキャリアくんだが、相手は百戦錬磨のベテラン巡査長。人生経験では圧倒的に先輩なのだ。ただですむはずがない。

「おい。おまえ、俺の酒が飲めんのか！」

「い、いただきますっ！　……ブゥーッ、か、辛いッ！」

飲んだ瞬間に酒を吐き出すキャリアくん。

ほかのベテランたちが、イタズラで酒に唐辛子を仕込んだのだ。しかし、署長はここでキレるようなマネはしない。ここは酒の場である。ちょっとでも感じの悪い態度でもとろうものなら、部下たちの信頼を失ってしまう。

一般の企業なら、支店長に向かってこんなイタズラをする部下はいないだろう。しかし、警察社会では、こんなことがありうるのだ。キャリアの署長といえども、腕っ節の強い巡査長にはときに逆らえないのだ。

似たような上下関係は、芸人や角界にも存在するが、それよりもずっとハードなのが警察の裏上下関係なのである。それでも管理する側とされる側の差は年々縮まって、四十代、五十代になると裏上下関係の勢いもにぶってくるが。

犯罪学者や医師にいわせると、闘争ホルモンであるテストステロンの分泌低下だという。

刑事ドラマと警察の役職

当たり前だが、警察にも一般の会社のように、部長や課長という役職名がある。例を挙げると『太陽にほえろ！』のボスこと石原裕次郎。彼はドラマでは警部という階級で、七曲署捜査一係長という設定だった。

しかし、おそらくこれは設定上の間違いだろう。通常、警部は警視庁なら係長、警察署ならば課長代理か課長となる。

ここでちょっと警察官の役職を紹介しよう。

●巡査　警察署係員など、警察本部の捜査官もいる
●巡査長　警察本部および、警察署係員。指導的係員の業務もこなす巡査
●巡査部長　警視庁係員、警察本部および警察署主任。機動隊などの分隊長
●警部補　警視庁主任、警察本部および警察署係長。機動隊などの小隊長
●警部　警視庁係長、警察署課長代理、警察署課長。機動隊などの中隊長
●警視　警視庁および警察本部理事官・管理官。中規模警察署署長、警察本部課

長代理や機動隊などの大隊長
●警視正　警視庁課長、大規模警察署署長
●警視長　警察庁課長、方面本部長、中規模県警本部長
●警視監　警察庁次長、警察庁各局長、警視副総監、道府および大規模警察本部部長
●警視総監　警視庁警察官の階級として最高位になる
●警察庁長官　警察組織のトップであるが、警察法上では階級として扱われない

このように巡査長と警視庁長官を除く九階級に分かれており、それぞれに役職が割り当てられているのだ。

仮に『太陽にほえろ！』のボスが、警視庁勤務だったなら、警部で係長というのは間違いではないのだが、七曲署の規模はどう見ても小規模警察署である。やはり、課長であると考えるのが妥当だろう。しかし、「はい、一係」と電話を取る。これは係長（つまり警部補）の業務動作だ。また、ボスはキャリアの設定となっているが、当時の裕次郎の年齢で警部というのも無理がある。通常なら、七曲署の署長以上になっていてもおかしくないのである。

警察組織でも一般の大企業と同じように、本社ともいえる警視庁や警察庁勤務の警察官は、そのほかの警察署勤務の者より一階級上の扱いを受ける。もちろん、本社勤務組のほうがエリートなわけで、出世するのが速いのも事実。

また、刑事ドラマなどでは、「〇〇警部、ごくろうさまです！」と挨拶を交わすシーンがたびたび登場するが、これもありえない話だ。

通常、警部だったら「課長」または「代理」と呼び、警視なら「管理官」や「理事官」という。とくに、一般の人の前ではこの呼び方が徹底される。また、挙手の敬礼も捜査官、つまり私服刑事の場合は行わないものである。

過去の刑事ドラマには、階級や動作の矛盾が多く登場したが、私が原案段階で協力した刑事ドラマ『踊る大捜査線』以降は、このような矛盾点が少なくなり、よりリアルな警察官を知ることができる仕上がりになっている。

近年人気の刑事ドラマ『相棒』シリーズなどは、実際の警察組織に忠実で、ＯＢの私も唸るシーンが多々ある。私のようなＯＢは、無意識に矛盾点を探してしまうが、読者諸兄は純粋にアクションと推理を楽しんでいただきたい。

出世するほど寂しくなるふところ事情

現在、警視庁での初任給は大卒で約二十四万円、高卒で約二十万円である。二〇〇六年度の全国平均の大卒初任給が約二十万円であるから、決して悪い給料じゃない。

さらに、通称・警信と呼ばれる警察関係者、そのほか宮内庁と皇宮警察本部の職員たちが利用できる金融機関（警視庁職員信用組合）が存在するのだが、一般の金融機関よりも利回りがよい場合もある。

ここまでの話だと、読者諸兄のなかには、

「おい、北芝！　警官のドコが金欠なんだっ！」

と、思った方もいるだろう。

しかし、現役の警察官たちの多くが金欠である。ほかの職業に比べて冠婚葬祭の数がハンパではないということが、その理由の一つである。

実際、警部補クラスになると大変だ。月に最低一回は冠婚葬祭がやってくる。それも部下たちだけではない。担当している地域の顔なじみの方々も含めると、四～五回は冠婚葬祭が回ってくるのだ。

地域の商店街や飲み屋などの顔なじみぐらいなら「気持ち程度」の金額でも許されるが、部下たちは黙っていない。

「えー、係長。一万円っすか？　マジっすか？　これじゃ免税店で酒買って終わりっすよ」

「うるせぇ。そのご祝儀袋が五万もしたんだっ。ガタガタ言ってると一円もやらんぞ！」

と、一喝しても、そこはかわいい部下。

「うーむ。いつかコイツに命を救われることもあるかもしれない」

なーんてことを自分に言い聞かせつつも、ついつい見栄を張って二万、三万とご祝儀袋を膨らませてしまう。

冠婚葬祭だけでなく、部下との飲み会でも上司が払うことが多い。警官たちは基本的に体育会系のノリなので、これも暗黙の了解となっている。

さらに、若い警官たちの食欲といったらハンパじゃないのだ。現役のスポーツ選手なみによく食べ、そして飲むのである。

かくいう私も、勉強会と称して毎月訪れる現役の若い警官たちに、行きつけのすし屋で容赦なく飲み食いをされている一人だ。

「納豆巻きが健康に一番いいんだ！」

と、何度力説しても、ウニ・トロ・イクラを食べ続ける連中なのである。

このような若手を部下にもつ警部補クラスは、毎月多大な出費をせまられるのである。だから、現役のなかにはカード破産してしまう者も少なくない。

警察の身分の信用は絶大。アメックスやダイナースのブラックカード以外だったら、どんなカード会社の審査も通ってしまうので、「サラ金よりマシ」と開き直り、次々とカードに手を出してしまう一面も、残念ながらあるのだ。

また、捜査報償費として月額一万円支給されるようになったとはいえ、ほとんどは交通費で消え、まだまだ不十分であるといわざるをえない状況だ。事実、タクシーでの尾行や聞き込みでの飲食など、とにかく現金の必要なケースが多いのが警察官なのである。

多大な冠婚葬祭費、そして捜査諸雑費。警視庁の本体が、現役警察官の現金が出るこういった実態を把握しなければならないだろう。そして助けてやる必要も大ありだ。

幹部には、ある程度、冠婚葬祭費として別途の手当てを支給するなど、援助するシステムを作り上げることで、円滑な捜査活動を生み出せるはずだ。

そして、警察庁キャリアがこれを改善する力をもっている。

ボッタクリ御免！　ＪＰカード

私も最近、オンラインショッピングをするようになり、その利便性から無駄遣いすることもシバシバだ。オンラインショッピングの支払いはクレジットカードを使用するのだが、私の持っているカードは一般にはないシロモノだ。

私が原作を手がけた漫画『内閣権力犯罪強制取締官　財前丈太郎』には、限度額無制限のゴールドブラックカードを主人公に持たせる設定にしたが、気分的にはそれに近いカードを私は持っている。

それは「ＪＰカード」だ。カード表面には、パルテノン神殿のイラストが入り、ＪＰカードと刻印されている、一見どこにでもありそうなクレジットカードなのだが、これは警察関係者以外は所持することができない。

現役の警察官と、直接の関係団体職員とその家族、そして退官した警察官だけが持つことを許されるクレジットカードなのである。

ちょっと、このカードの特典をカンタンに紹介しよう。

●全国の提携宿泊施設の優待割引
●デパート、各種販売店での優待割引
●有名引越し会社の優待割引
●車検整備の優待割引
●レンタカーの優待割引

主だったサービスを挙げると、こんな感じになる。これ以外にも、警察官としては絶対に受けたくない優待割引として、葬式費用の割引なんてものもある。

もちろん、カードとしての使い勝手もバツグンだ。警察共済組合が三井住友カードと提携して発行しているので、ＶＩＳＡカードが使える。これさえあれば、海外でもオンラインショッピングでも困ることはないだろう。ちなみに年会費はタダである。

しかし、ＪＰカードの特典はこれだけではない。ヤクザもビビる優待サービスがあるのだ。

「健ちゃんさ、来週非番の日、飲みに行くか？」

「いいけどよぉ。おれ、金持ってねぇぜ。おごれよ」

「じゃ、アレやるか？　江戸川越えて松戸あたりでどうだ！」

などという会話からはじまる〝出来事〟もあった。

警察官のほとんどが酒好きである。給料をすべて酒代にしてしまうヤツなんてざらである。となると月末には超金欠状態に陥るわけで、チェーンの居酒屋にすら飲みに行けなくなる。そんなときに大活躍するのがＪＰカードだとうそぶくヤツを、かつて目にしたことがある。

しかし、これで飲みに行く場合は入念な事前調査が必要となる。

初めに行うことは、千葉県警の知り合いに連絡して、盛り場周辺のボッタクリバーのリストを入手する。続いて衣装だ。普段はスーツなどは着ないが、この日ばかりは就活で使用したリクルートスーツを引っ張り出してくるのだ。そして、いかにも「カモです」といった雰囲気を滲《にじ》ませて歓楽街へと繰り出す。

すると、確実にポン引きがやってくる。普通なら怪しいヤツにホイホイとついて行かないだろう。しかし、彼らは一番胡散《うさん》臭いポン引きに率先してついて行くのだ。

店に入ったら、高い酒からガンガン飲む。ホステスもドンドン指名して、キレイどころのみをはべらせる。もちろん、延長だって三時間以上だ。夜中の二時になって、ボーイがこちらに伝票を持ってくる。

「はぁ、二十七万円って、こんな現金持ってねぇよ！」

「いえいえ、こちらウチの正規料金になっておりますので、お支払い願います」

案の定、ボッタクリバーである。払えない素振りをすると、屈強な連中がすぐに店の奥からゾロゾロとやってきた。

「あのさ、カードでも大丈夫かな？」

「もちろん、大丈夫ですよ」

「じゃ、これで頼むわ」

提示したJPカードを見て、ボーイがフリーズする。大慌てでマネージャーのもとに行き、ひそひそと打ち合わせ。すぐさまマネージャーがやってくる。

「お客さま、お客さま。本日のお支払いはけっこうです。すべてサービスにいたします」

「いいよ。ちゃんと払うよ」

「いいえ、本当にけっこうです！」

「いくら払えばいいんだ？」

「さ、三千円だけいただければ、それでけっこうです」

彼らはサービス代込みの一万円を置いて店をあとにしたという。

一般には知られていないが、警察関係者とヤクザなら誰でも知っているのがJPカードだ。仮に彼らがアメックスを提示していたら、二十七万円ボッタくられただろう。

しかし、JPカードからボッてしまうと、店側の不正の証拠がすべて残ってしまう。それも、警察関係の会社にだ。どんなヤクザでも、このカードからボッタくることなどできないのである。ワルは普段、恐怖をバックに良民から超法外なゼニをせしめているのだから、一万円は適正価格のような気もする。

それはさておき、これほどの優待サービスはアメックスのブラックカードでも受けることはできないだろう。ＪＰカードがほしかったら、ぜひ警察官を志願してくれたまえ。もちろん、警察官と結婚することでもＪＰカードは所持できるので、こちらも大歓迎である。

しかし、ボッタクリ成敗は近ごろやるヤツがいなくなってきた。上級幹部になった警察官がこの成敗を不快に思うゆえだ。アメリカに比べると日本の警察官は格段にクリーンだし、昔よく行われていたこのカードの「超有効活用」も、目くじらを立てて怒るほどのものでもないと思うのだが、まっ、いいだろう。

ヤバイ店には行かなきゃいいし、ふところぐあいが寂しければコンビニで売ってる酒を買って飲めばいい。おとなしく飲む酒も悪かないだろう。

寮では俺が法律だ

若手警察官のほとんどと独身者は、警察の寮に住み込むことが多い。現在、一般企業では金銭的な理由で寮を廃止する傾向にあると聞くが、警察ではまだまだ健在である。

寮には専用に建築された物件もあるが、最近は民間のマンションなどを警察が寮として借り入れるケースも多くなってきている。

新任や独身の警察官は、規定によって勤務先の警察署から近い場所に住むことになっている。そうでないと警備力のプールが成されないので、どんな寮でも勤務先へ徒歩や自転車で通える距離にあるのだ。しかも、家賃は相場の半額以下である。まさに、超優良物件といえるだろう。私が現役時代は相部屋だったのだが、現在では個室。まったくうらやましいかぎりである。

このように恵まれた住環境で生活していると、いくつになっても退寮しない者もでてくる。とくに結婚できないヤツなんかは延々と寮で集団生活を送ることになる。

この若手警察官たちが暮らす寮でもっとも権力をもち、ケンカの仲裁、そうじ当番の割り当てなどを仕切るリーダー的存在となっているのが寮長である。

寮長は、三十歳を過ぎても独身で寮に居座っているベテランの巡査長あたりが勤めることが多い。まさに、『こち亀』の両さんである。

寮には、基本的に同じ所轄に勤務する警察官たちが暮らすことになるが、もちろん出身地はバラバラ。しかも、血の気の多い若者が揃っているとあって、地域紛争が頻繁に勃発する。

「おい、何やっとるんや！　ワイが阪神戦、観とるやろ。チャンネル変えるな、ボケ！」

「なんば言うとっとか！　ホークスのほうが大事ばいッ！」

地域紛争でもっとも顕著なのが、野球と食べ物である。そして騒ぎを起すのは、たいてい関西出身者と九州出身者である。

警察組織には九州出身者が多く、九州県人会は最大勢力だ。もちろん、手を先に出すのも気性の荒い九州出身者だ。

とたんに屈強な男たちの殴り合いがはじまったりする。しかし、誰も止めようとはしない。警官は暴力には慣れっこになっているので、警察官同士のケンカなど気にも止めないのだ。

ここで登場するのが寮長である。

「おいおい。おまえらここでケンカするなよ。外でやれ、なっ！」

と言うと二人の首根っこをわしづかみにして、屋上へ連れ出す。

「さぁ、好きなだけやれ！　で、見学の連中はどっちにメシ賭けるんだ？」

なんとこの寮長、ケンカをネタに胴元になってしまっているのである。本来、ケンカを止めるべき立場のはずなのだが……。まったく豪気である。

寮長が仲裁するのは警察官同士のケンカだけじゃない。

ある日、若手警察官が非番のときにヤクザとケンカになり、ボコボコにしてしまった。ガサ入れなどでボコられるならまだしも、非番の警察官にボコられてはヤクザも面子が立たない。

「コイツ、おたくの若い衆にやられて、歯ァ抜けてるんだよ。ケツ取りに来たぜ。どうすんだ、コラァ！」

ボコられたヤクザがアニキを連れて警察の寮にカチ込んで来たのだ。さぁ、寮長の出番である。

「あのさ。いま、その人殴ったウチの若いヤツ呼ぶからちょっと待っててね」

そして現れたのは、なんと制服姿の若手警察官。

「さ、コイツを思う存分殴っていいよ」

殴れるはずがない。

殴った瞬間に公務執行妨害で逮捕だ。しかし、頭に血が上ったヤクザは収まりがきかない。

「このボケッー！」

なんと、歯抜けの舎弟をブン殴ったのである。

舎弟はアニキにも殴られ、歯がもう一本抜けてしまった。まったく舎弟にとっては災難である。

ここで一番得をしたのはケンカをチャラにしてもらった若手警察官、ではなく、寮長である。

「さすが寮長っすね。ありがとうございます！」

「礼はいいから。とりあえず、マイルドセブン一カートン買ってきてよ。あと、合コン三セットな」

寮長には借りを作らない。これが寮生活の鉄則なのだ。

北芝流、暴徒鎮圧術

寮の話でも紹介したが、警察官にとって同僚同士のケンカは日常茶飯事。なにせ、警察学校では、度胸と暴力に対する免疫力をつけるため逮捕術の授業中に防具をつけてケンカをさせることがある。

「おーい。このなかで一番強いの誰だ？」

「はい。自分です！」

助教（普通の学校で言うところの教師。寮務担当など、助教も多種あるが、階級は教官と呼ばれる警部補の下の巡査部長）の問いに、真っ先に手を上げたのは元M大学柔道部主将で関東代表にも選出された男だ。

「じゃ、このなかで一番学歴のあるヤツは誰だ？」

今度はY国立大学出身のヤツが起立する。細い体にメガネ、いかにもガリ勉くんといった風貌の男だ。

起立した二人に助教から怒声が飛ぶ。

「はい。おまえら二人、いまからケンカ開始だ。よーい、はじめ！」

二人ともキョトンとしているだけで、自分の置かれた状況がまったく理解できない。

「おい、ケンカだ。殴り合えって言ってんだ！」

しぶしぶ殴り合う二人だが、まったく本気ではない。そこへ、また助教がカツを入れる。

「誰が、じゃれろと言ったんだ！　おら、柔道部、本気で殴り合え!!」

と怒鳴りながら二人を警棒で殴る。

勝負は明白だ。どう考えても元柔道部主将が勝つに決まっている。しかし、これは勝ち負けが目的ではない。

元柔道部主将にはギリギリの手加減を学ばせ、ガリ勉くんには暴力に対する免疫をつける訓練なのである。こんな訓練を続けるうちに、どんなもやしっ子でも〝趣味＝闘争〟という屈強な警察官に仕上がっていくケースが多くなる。

警察官同士のケンカでもっとも激しいのは、機動隊訓練でのケンカだ。とくに夏場はとんでもないことになる。

残暑のなか行われる機動隊訓練は地獄だ。なにせ、濃紺の長袖長ズボンに編み上げブーツ、さらに防具とヘルメットを装着して、ジュラルミン製の盾も持つ。これだけ装備すると、体感温度は軽く四十度以上になる。

この完全装備の状態で、ランニングや各種制圧術の訓練を行うわけだから、一時間もやっていると、全員ヘトヘトでイライラも最高潮に達する。

そして、この爆発寸前の精神状態のなかで行われるのが、制圧訓練である。

これは、デモ隊などが暴徒化したことを想定した訓練であり、部隊を暴徒側と機動隊側の二チームに分け、対戦形式で行われる。

「はじめ！」

大隊長の号令で二チームがいっせいに混戦に突入する。

「○○巡査、容疑者確保ォォ！」

開始直後は警察官たちの、いかにも訓練風の掛け声が飛び交うのだが、中盤以降はとんでもない事態に発展する。

「おら、てめぇ、ナニ、味方殴ってンだ！」

といった感じで、なぜか機動隊側同士で殴り合っている。

なかにはジュラルミン製の盾で殴ってるヤツもいるのだ。私も参加したことがあるが、はっきりいって実際の暴徒鎮圧なんかより百倍はハードな大混戦である。

「訓練終了ぉぉぉ！　おい、終了だ、終了ッ！」

大隊長がスピーカーで怒鳴ってもいっこうにケンカは終わらない。お互いヘルメットと防具を装着しているもんだから容赦なくブン殴る。なかには鼻血を噴出して血だるまの隊員もいるが、お構いなし。骨折、捻挫は当たり前のケンカ訓練なのだ。

警察官たちは、このような訓練を繰り返すうちにどんどん暴力に対する免疫ができ、ケンカ上等体質へとなっていく。もっとはっきりいうならば、心身特性的にヤクザと少々近くなる。

このようなケンカ訓練は最大のストレス解消であり、医療班にとっては応急処置の実施訓練もできるので、一石二鳥といえるだろう。

また、機動隊には、このようなケンカ訓練では使用しない必殺技がある。実は、私がその発案者だと言われたことがあるが……。

機動隊が暴徒を鎮圧する場合、暴徒たちを前進させないようにする。隊員たちでバリケードを作り進路を塞《ふさ》ぐのはもちろんだが、これだけでは大人数相手には不十分である。前進してくる暴徒たちを後方へ押し返すのがもっとも効果的なのだ。

しかし、盾や警棒で威嚇するだけでは、まったく効果がない。そこで私が考えた突破法「目潰《めつぶ》し作戦」の発動である。

目潰しといっても、催涙ガスを噴射するわけではない。指を使って物理的に目潰しを行うのだ。一見、かなり乱暴な作戦だが、失明の心配などまったくない。指の先っちょで上まぶたを軽く突くのだ。これだけで、相手は戦闘意欲を失いうずくまる。そこを突破口として暴徒を押し戻すのである。

とくに七名からなる分隊でこの作戦を行うと、効果的に暴徒を鎮圧できた。また、単独で暴徒に囲まれた際の脱出法としても有効である。

しかし、この作戦を決行するにはちょっとしたコツがあった。暴徒鎮圧となるとマスコミも大挙するわけだが、彼らのカメラに写ってはならないのである。

いくら失明しないといっても、目（の辺り）に指を突っ込むシーンなど放送されたら、無用の警察批判に発展しかねない。だから、なるべくカメラを意識しつつ、カメラに背を向けながら行うのだ。まっ、近年のジェントルな警察官はやらないほうがいいかもしれないが。

しかし、目潰し作戦は女性が暴漢に襲われた際にも有効な防御手段なので、ぜひ活用していただきたい。私の空手道場でも指導中である。

機動隊自慢の特殊車両

前項に引き続き、機動隊の話をしよう。サミットなど大規模警備になると、機動隊の特殊車両が大挙集結することになる。

一般にもよく知られているのは、ブルーとホワイトでカラーリングされ、窓に金網のあるバスだろう。こちらは、「大型人員輸送車」と呼ばれる、隊員輸送に使用される車両だ。見た目は厳《いか》ついが、内装は民間の仕様とほとんど同じである。

また、ブルーとホワイトで塗装されたマイクロバスタイプや大型のワンボックスタイプの車両は、「遊撃車」と呼ばれる。だいたい七〜九名の分隊が乗車して、都市部での重要防護施設周辺の警備を行うことが多い。簡易交番としての機能も有している。

このほか、機動隊ならではの特殊車両として挙げられるのが、「特型警備車」である。こちらは軍隊における装甲車のことで、ボディおよびタイヤ、そして各ガラスまで防弾処理を施した仕様になっている。

原子力発電所の警備や、ＳＡＴなどの特殊部隊で使用されている。ちなみに、ＳＡＴ用の特型警備車は銃眼が装備され、車内からの小銃やけん銃の射撃が可能だ。さらに車体の天井から二階程度の建物へ突入できるギミックが装備された急襲仕様となっている。

特型警備車はテロや人質立てこもり事件など、大規模事件でしかお目にかかる機会がないレアな車両だ。しかし、警視庁年頭視閲式などイベントで公開されることもあるので、イベントを見学に行けばお目にかかるチャンスがあるかもしれない。

そして、機動隊には欠かせない車両がある。それは、「トイレカー」である。大規模警備などで、警察官が使用するトイレを確保する車両だ。「トイレカー」はトラックの荷室部分をトイレに改装した機動隊オリジナルだ。

なぜ、このような車両が必要になるかというと、警察官は大人数だと公衆便所を使わないからだ。一般の方々へ迷惑をかけないという理由もあるが、安全面から公衆便所の使用を控えている面もある。

たとえば、無防備な用足し中に背後から、けん銃や警棒を奪おうと考える輩もいるかもしれないし、機動隊が出動する現場はテロやデモ隊の最前線である。トイレ中の油断した警察官はターゲットにされやすいのだ。

このような理由で、「トイレカー」は機動隊には欠かせない特殊車両となっている。

私が現役のころは、みんなあせって用足しをするものだから飛び散り方もすさまじく、汚い。現在では、内部もクリーンに保たれ、使用後は即、専門業者によって汚物を回収するので、衛生面も万全の車両になっている。

ちなみに、千葉県警ではとんでもない「トイレカー」が採用されている。なんとベンツ製なのだ。純白のベンツ製大型ワンボックスを改修した車体には、スリー・ポインテッド・スターが輝くセレブな逸品である。機会があれば私も、ぜひこのようなセレブ仕様のトイレの使い心地を味わってみたいものである。

スゴイぞ、覆面バイク！

一般的に覆面パトカーは知られた存在だが、警察にはそれ以外にも覆面バイクが採用されている。

なかでも全国に名を轟《とどろ》かせているのが、和歌山県警の「黒豹部隊」だ。

二〇〇二年に創設されたこの部隊は、特殊装備を搭載した褐色に塗装されたバイクを駆り、覆面パトカーとのコンビで行動することが多い。彼らの主な任務は暴走族の検挙である。ちなみに、左記のような特殊装備が施されている

●採証用カメラ類

防水防塵処理が施された特殊ムービーカメラとデジタルカメラを車体前部に装備。両方とも夜間撮影も可能。

●採証液発射装置アトラス

目標に命中すると破裂して、特殊染料液を撒き散らすペイント弾発射装置。飛距離は十五〜二十メートル。

●特殊警棒
　ハンドル上部に警棒ラックを装備。


　採用されているバイクの車名は公表されておらず、謎の多い部隊といえるが、その活躍っぷりはすさまじいものがある。

　部隊が創設された二〇〇二年八月には、五十八人の暴走族を検挙する大金星を挙げたのだ。その後も和歌山県で暴走族の検挙数が、「黒豹部隊」の創設前の二倍になるなど多大な成果をもたらしている。

　この成果から、現在では警視庁の「黒バイ部隊」や愛知県警の「はやぶさ部隊」など、覆面バイク部隊が相次いで設立されたのだ。

　警視庁の「黒バイ部隊」は交通案件だけでなく、ひったくり事件など都市犯罪の検挙にも出動して、「白バイ部隊」とともに効果を挙げており、すばらしい活躍なのだ。

　ちなみに、白バイを採用しているのは、警察だけではない。皇宮警察本部や自衛隊の警務隊も白バイを使用している。パレード用の車両以外は、国産バイクが使用され、ホンダ製やヤマハ製がほとんどである。

　その格好良さから白バイ隊員に憧れて警察を志す者も多い。しかし、白バイ隊員は非常に狭き門なのだ。では、白バイ隊員になるには、どうしたらよいだろうか？

まず、警察官になるのはもちろんだが、次のような難関を突破しなくてはならない。

●大型自動二輪免許取得

警察官になってから取得することもできるが、日々の激務を考えると任官前に最低でも中型免許は取得しておきたい。

●推薦状をもらう

実はこれがもっとも重要かもしれない。白バイ隊の訓練所である「機動センター」へ入所するには、推薦状が必要になるのだ。推薦状は交番の上司でもかまわないが、やはり一番モノをいうのはベテラン白バイ隊員や交通機動隊員の推薦状だろう。普段から白バイ隊員たちにアドバイスを求めたり、差し入れをしたり、プレイベートでツーリングに出かけるなど、ベテランたちと親しくなっておくのが重要である。

●訓練開始

訓練は年に一度だけ、二週間かけて行われる。この間にバイクの操縦術はもちろん、精神面での適正などを細かくチェックされる。

技術面でいえば、草レースで速い程度の腕ではまず合格しない。プロ並みのテクニック、さらに逮捕術なども兼ね備えていなければならない。最終試験において、一級と二級の判定を得た者だけが晴れて合格となる。

このように、白バイ隊員になるには多くの難関をクリアしなくてはならないが、最終試験をクリアしても即白バイデビューできるわけではない。

実は、この試験は白バイ隊員の資格を得ただけであって「配属」ではないのだ。白バイ隊員として勤務するには、交通機動隊もしくは交通課に所属するしかない。

かといって、すぐにこれらの部署からお声がかかるわけではないのだ。長い人は三年以上も配属待ちをすることになる。

ここで重要になるのが、推薦状である。推薦状をもらった交通機動隊員や白バイ隊員と親しくすることで、絶対に損をすることはない。

「あいつ、受かったんだろ。じゃ、ウチにくれよ」

と、鶴のひと声で即配属になるのだ。

事実、第一章で紹介したアフロマンに推薦状をもらったヤツは、ほとんどが即配属となっていた。

もちろん、アフロマンが推薦状を書くほどの人間は、かなりの二輪テクニックをもっているのだが、アフロマンのような超スペシャリストからの推《お》しがあったらどんな上司も首を縦に振ることだろう。

なにせ、黄金ルーキーを配属すれば、自分の出世のスピードアップにつながるのだから採用を断るはずがない。

前出した「黒豹部隊」や「はやぶさ部隊」の面々も、このような難関を突破し、さらに白バイ部隊から選出された、選りすぐりの超エリートたちなのである。

白バイ隊員は世界各国で人気の職業である。古くは『白バイ野郎ジョン&パンチ』『ワイルド7』など、多くのアクションドラマを生み出した。

それゆえ憧れる人間が多いのだが、このように白バイデビューには多くの試練がある。白バイ隊員を目指すには、まずはバイクテクニックの向上だろう。コーナーを高スピードで駆け抜けるのではなく、「確実に止まる」「確実に曲がる」という基本テクニックを極限まで引き上げた技術が要求される。とにかく、練習あるのみだろう。

しかし、いくら白バイ隊員になりたいからと、公道での無茶な練習をして白バイ隊員に御用になるのだけは、カンベン願いたい。

警察官とカップヌードルの秘話

「北芝ァァー、おめぇ、ナニたらたらやってんだ。早くお湯持ってこいッ！」

機動隊が現場に到着して、最優先で確保するべきものがある。それは「トイレ」と「お湯」だ。トイレは「トイレカー」があるので、その到着を待てばよい。お湯は警察官の大好物、カップヌードルを食べるのに必要なのだが、確保するのが大変なのだ。

機動隊には「キッチンカー」という炊き出し専用車両がある。しかし、数百人分のお湯を沸かし、運搬するのはひと苦労なのである。

ところで、なぜ警察官はカップヌードルが大好物なのか？　これには、ふか〜い理由があるのだ。

時は一九七二年二月十九日。連合赤軍メンバー五名が、長野県軽井沢の保養所に人質を捕って立てこもった。そう、「あさま山荘事件」である。氷点下二十度近い極寒のなかでの人質救出作戦は困難を極めた。

吹雪くだけじゃない。散弾が硝煙とともに降り注ぐ。そしてガス弾の臭いと、いつ死ぬのかわからない恐怖に怯え嗚咽《おえつ》する。映画などではカッコよく描かれているが、現実はあんなものじゃない。まさに、戦場だったそうだ。

氷点下二十度。呼吸をしただけで鼻や口に激痛を覚える環境。そんななか、警察官の心と体を癒したのが、日清食品のカップヌードルだ。

当時、弁当も支給されたが、極寒にさらされすべて凍ってしまったのだ。そこで、急遽支給されたのが、発売されて間もなかったカップヌードルだった。

このときは、ふもとで大量の水を汲んで、「キッチンカー」でお湯を沸かす。そんな、警察官たちが美味そうに食っているシーンがニュースで放送されたのだ。これにより、当初関東地方でしか販売されていなかったカップヌードルが全国へ広がったという逸話がある。

「極寒の戦場で食べたカップヌードルの味は、いまだに忘れられない」

と先輩たちは言う。現場にいた警察官の多くが一杯のカップヌードルに士気を鼓舞されたということだ。

このような理由で警察官にはカップヌードル信者が多い。もちろん、私も夜勤のときなどしょっちゅう食べていた。

ちなみに、自衛隊には「SDFヌードル」という自衛隊専用のカップヌードルがあり、歩哨や野営訓練中の夜食として支給されている。

消化をよくするため通常のカップヌードルに比べ具材を少なめにしており、味付けは濃い口で疲労して塩分を欲した体にはありがたい逸品だ。

ぜひ、日清食品さまには、警察官専用のカップヌードルも作っていただきたいものである。カップヌードルの人気爆発には、微力ながら警察官も関わっているのだし、なにせＣＯＰ《カップ》（警官）ヌードルなんだから。

後輩たちのためにも、よろしく頼みますよ！

刑事への登竜門！　ようこそ留置管理課へ

よく、テレビドラマなどではベテラン警官が、ベロベロに泥酔した被疑者を留置所内で介抱しているシーンが登場する。しかし、現実はちょっと違う。

留置所での被疑者の生活は厳格なスケジュールの管理がされているので、泥酔者がゾロゾロといられる環境ではないのだ。

起床は七時。起床と同時に看守による点呼が開始され、洗顔、ラジオ体操と続く。そして、朝食が八時からはじまり、取調べや現場検証などを、被疑者それぞれが行うことになる。面会時間なども午前中にとることが多い。

正午には昼食をとり、その後は十八時まで取調べが続き、二十時半の点呼後の二十一時に消灯となる。

取調べの行われない日もあり、そんな日は被疑者の自由行動が許される。もちろん、留置所内での話だが、ほかの被疑者や看守の迷惑にならなければ、何をしても構わないのである。

ちなみに、風呂は三日に一回。タオルや電気シェーバーなどの持ち込みは許されているが、カミソリや大きいサイズのバスタオルの持ち込みは禁止されている。これは、被疑者の自殺防止、さらに警察官への受傷事故防止のための処置である。

ヘタな体育会系の学生寮より、よっぽど厳しいのが留置所生活なのだ。

これら被疑者たちから、〝看守さん〟または〝担当さん〟と呼ばれる警官。それが、留置管理課の人間たちだ。

各警察には留置管理課という課が存在する。留置管理課とは、留置場に収容されている被疑者を裁判所などに護送したり、被疑者への留置場での適切な処遇、留置場施設の管理運営などの業務を行う。

被疑者にとって留置所は辛い生活環境だが、刑事を目指す若手警官にとって、これほどうれしい配属先はない。

実は留置管理課は、有能な若手を配置することが多い部署なのだ。多くの被疑者と接触して仕事をするため、犯罪心理面で学ぶことが多々あり、やる気、体力はあっても、現場での経験の少ない若手警官たちに犯罪心理のイロハを学ばせるには最適の職場なのである。なので刑事を志す多くの者が講習後や、それ以前に留置管理課に配属されることが多い。

私も講習後に看守を勤め、私服捜査官（刑事）になった。

もし、きみが警官になって留置管理課に配属されたなら、それは刑事への登竜門が開いた証なのだ。

慰安旅行は大騒ぎ

警察官にだって、一般企業のように慰安旅行があるのだ！　と、威張《いば》ってみたものの、そんな大それたものではない……。私もいろいろなところへ行ったが、やはり温泉旅行が多かった。中小企業のみなさんと変わらない小旅行だが、体育会系全開の男が三十人以上揃うとそれはもう大騒ぎなのである。

「おーい、北芝ぁ！　酒持ってこーい！」

バスに乗って三分もしないうちから、ほとんどの者が泥酔状態である。バスガイドを口説くなんて、当り前。なかにはこんなヤツもいる。

「運ちゃん、運ちゃん。俺、いつも機動隊のバス運転してるからさっ！　俺にも運転させてよ。絶対に二時間速くつくから!!」

おいおい、酒気帯び運転だよっ！

もちろん、運転なんてさせてもらえないわけだが、こんな冗談を言うヤツは序の口だ。遅刻の常習犯であるＦ巡査はケッサクだった。

「おい、Ｆ。おまえよく遅刻しないでバスの集合に間に合ったな？」

「健ちゃん、俺さ、昨日、非番だったから、遅刻しちゃなんねぇと思って、バス停の前でずっと飲んでたんだ。ちょっと、寒かったけどョ」

このF巡査、遅刻するわけにはいかんと、気温零度以下の真冬のバス停で野宿してしまったのだ。しかも、ベロベロになるまで飲んでいたのだから始末に負えない。まったく、仕事でもこれぐらい時間にきっちりしてもらいたいものである。さらに携帯電話普及前の話だが、こんな先輩もいた。

〝ビィイイイ　ビィイイイ　ビィイイイ〟

突然、ポケベルが鳴り響く。一同「すわ、大事件発生では？」とどよめきたつ。

「運転手さん、すまん。どっか公衆電話あるところで止めてくんない？　大至急、頼む」

このポケベルは、もちろんプライベート用ではなく、完全な仕事用である。ポケベルへの発信者は、A巡査長。

こりゃ、一大事か!?　さっそく、電話してみる。

「あ、健ちゃん。俺、俺。今日の夜勤（とうばん）代わってもらったから、アキなんだよ、アキ。俺も連れてってくれないかな。いま、○○署の前にいるから迎えにきてよ」

「バカヤロー！」

と、先輩が怒鳴って電話を切ったのはいうまでもない。

しかし、どういうわけか、ちゃっかり高速のサービスエリアで合流してしまっていたのだ。明らかに、タクシーや電車を乗り継いでも間に合わない時間なのだが……。ちなみに、A巡査長の前任所属は高速道路交通警察隊である。

もしや、あそこのRX7を……!?　おっと、これ以上は彼の名誉のため追及しないことにしよう。

とにかく、仲間と酒を飲むためには手段を選ばない。そんな熱い連中ばかりでの慰安旅行となるのだ。

そして、酒がいい感じでまわってきたころにはじまるのがカラオケだ。警察官たちの人気曲は、軍歌である。「まさか、戦前じゃないんだから」とツッコミを入れたくなる諸兄もいると思うが、軍歌が大人気なのだ。

なぜなら、警察学校の学生たちには軍歌がずっと受け継がれ、みな歌わされることが多いのだ。それで、いやでも曲とメロディを覚えてしまうのである。また、寮でも歌わされることが多く、常に耳に入ってくるのが軍歌なのである。

とくに人気があるのは、「抜刀隊」の歌である。この歌は、西南戦争最大の激戦地・田原坂の戦いで活躍した警視庁抜刀隊を称えたものだ。

日本警察の父といわれる川路利良が西郷隆盛を征伐するという詞の内容で、旧陸軍の行進曲として採用され、自衛隊、そして警察にも受け継がれた伝統ある行進曲である。ちょうど、海上自衛隊における軍艦マーチにあたる行進曲といえるだろう。

どんな音痴な者にも歌いやすいマーチ調のメロディで、酔いにまかせて大声で怒鳴りながら歌える。ストレス解消にはもってこいのカラオケナンバーなのである。

しかし、西郷隆盛を征伐するという詞の内容から、やはり鹿児島出身者のなかには好まない者も多かった。ちなみに川路利良も鹿児島出身なのではあるが……。

それはさておき、もしスナックやカラオケボックスで若い連中が、「吾は官軍我が敵は、天地容れざる朝敵ぞぉ〜」と立ちながら大声で腕を振って熱唱していたら、彼らは間違いなく自衛隊、もしくは警察官だろう。

多少、音痴で耳障りかもしれないが、日々市民のためにがんばっている連中なので、暖かい目で見守っていただきたい。

もちろん、警察官だって、軍歌以外の歌も大好きだ。一般市民と変わらず、オリコン上位の曲をみんな歌っている。

ちなみに、私の十八番は三波春夫の「雪の渡り鳥」である。「おいおい、警官がヤクザの歌かよ！」とツッコミをいただきそうだが、ヤクザは大嫌いだが、歌は大好きなんだからしょうがない。これを大音量で熱唱するのが、私のストレス解消法でもあるのだ。

さて、バスが目的地である温泉宿に到着すると、まず開始されるのが飲みである。バスのなかでも十分に飲んでいるのだが、ここからが本番。お宝の登場である。

警察官は九州出身の者が多く、慰安旅行ではコネで手に入れたご当地名産のプレミアム焼酎を大量に持ち込んでくるのだ。酒好きの者にはたまらないだろう。

もちろん、東北や四国の出身者もいるわけで、全国各地の名酒が味わえるのである。これは、警察官の慰安旅行ならではかもしれない。

酒を飲んでいい気分になったところで、いよいよ風呂へ入るわけだが、風呂に近づくにつれて妙な音が聞こえてくる。

「ガコーン、ガコーン、ガコーン」

「健ちゃん、なんだあの音?」

「なんか、木刀でブッ叩いているような音だよな」

恐る恐る風呂場を覗《のぞ》いてみると、顔を真っ赤にした同僚同士が、木製の桶で殴り合っているのである。これには、さすがの私も唖然とした。なにせ、酒を飲んで血行がよくなっているものだから、二人とも体中血ダルマなのである。

「おいおい、おめぇらナニやってんだよ、やめろ、コラァ!」

「ボカン、ボカン」

勢いあまって私も、血ダルマの二人を殴ってしまった。こうでもしないと、二人とも殴り合いをやめないのだ。

あとで二人にケンカの原因を事情聴取してみたが、なんで殴り合ったのかまったくわからないという。さらに、温泉地恒例のストリップ見物となるのだが、これも泥酔状態の警察官たちはナニを見たのかまったく覚えてないという。

こんなささやかな一泊二日の慰安旅行なのだが、参加した者たちは大満足で帰っていく。

これが日々激務をこなす警察官たちのストレス解消なのである。

女性警察官は大モテ

現在、警察官の定員は全国で約二十七万人。そのうち三割が女性警察官となる。男女雇用機会均等法の施行により、女性の求人を大幅に伸ばしており、現在では公務員を志す若い女性に人気の職業になりつつある。

ぜひ、女性陣には、どんどん警察官を目指していただきたい。いままで「重労働」「不規則」「キツイ」と書いてきた私が言うのもなんだが、絶対にオススメの職業である。

なにせ、女警さんはモテモテなのである。長時間のブーツ着用で脚が多少臭くなろうが酒癖が悪かろうが、とにかくモテまくる。これは間違いない。

警察に入ってモテない女性は絶対にいないのである。ただし、モテる相手が限定されてしまうのだが……。

そのお相手とは、もちろん男性警察官である。不規則な勤務のため、一般女性と出会う機会のほとんどない彼らが唯一接触できる女性たちが女警さんなのである。

事実、警察官同士の結婚はとても多く、上司たちも警察官同士の結婚を大いに喜ぶ。これには警察組織ならではの特殊な事情があるのだ。

たとえば、ある男性警察官に恋愛の噂が上がる。このような噂話に、まず敏感になるのは彼らの上司たちだ。これは、パパラッチ的な好奇心からではない。なぜなら、警察官という職務上、多くの守秘義務があるのだ。同僚であっても決して漏らしてはならない情報はいくらでもあり、公安ともなれば、本人の吸っているタバコの銘柄すら情報漏えいになりかねないのだ。

警察組織で上司が部下の恋愛事情を把握することは、情報漏えい防止につながる大切な職務でもあるのだ。

しかし、相手が同僚の女性警察官だった場合、事情は違ってくる。どんな上司であってもこれには大喜びである。なにせ、警察官になるにはあらゆる性格、身元のチェックが行われるので、上司としての管理監督上まったく危惧するポイントがないのだ。

これとまったく同じことがいえるのが、自衛隊である。そして、自衛隊ともう一つ同じことが警察にある。

これは男性の目から見たことなのだが……。とにかく職場にいる女性はキレイに見えてしまうのである。なにせ、圧倒的な男社会のなかの女性たちである。読者諸兄たちが〝ウザイなぁ〟と思ってしまいがちなミニパトの女警さんであれ、現職の者にとったら天使のような存在なのである。

もう一度いう。警察に入ってモテない女性は絶対にいないのである。

合コンの秘密アイテム

いくら出会いの少ない警察官といっても、たまに合コンもやったりする。その場合は、部下のリフレッシュをかねて上司である警部や警部補クラスがセッティングしてくれることが多い。

大変うれしいことなのだが、悲しいかなこっちは警察官。一般の女性とお話する機会に恵まれても、何を話したらいいのかわからないのである。

なにせ、日々の激務がありテレビもほとんど観ないので、流行《はや》りの曲も人気のお笑い芸人も知らないなどというポジションで生きているヤツもいる。

「だったら、録画すればいいじゃないか！」と思った読者諸兄はまだまだ甘い。録画したところで、観る時間がないから結局、誰が人気芸人なのかなどさっぱりなのだ。

いまだに、若い警察官ですら合コンへ行くと「オッパッピー！」とやってしまう始末。若い警察官、そして自衛官のほとんどが恋愛で不自由しているのである。以前、後輩たちに頼まれて合コンをセッティングしたときはヒドイものだった……。

「警察官って大変そうですね。どんなときが一番楽しいんですか？」

「えー、ぼくはですね。射撃訓練ですね！」

「はぁ？　射撃って鉄砲ですか？」

「はい。こう、ギュッとグリップを握ってですね。バシッとやるワケですよ。ははは！」

一般企業のＯＬさんに、けん銃射撃の話を一時間ほどしてしまうのだ。まったく、空気が読めないにもほどがある。しかし、これはまだマシなほうなのだ。

「水死体って見たことありますか？」

「………………」

「こう、持ち上げて引っ張ろうとすると皮膚が剥《は》がれちゃうんですよ。臭いもキツくてねぇ」

もう、最悪である。彼には即退場していただいた。もちろん、トイレで軽度の頭突きを食らわしたあとに、である。

若い警察官にはこんな連中もけっこういるのだ。はっきりいってどこの国へ行ってもモテることはないだろう。

しかし、こんな彼らにも突破口となるアイテムが存在するのだ。

それは、ピーポくんグッズだ。ピーポくんとは警視庁のマスコットキャラクターである。名前は人々の「ピープル」と警察の「ポリス」の頭文字からとった。このキャラクターは一般人にも浸透しており、とくに女性には大人気。私も知り合いの女性たちからリクエストされることが多い。

都内の警察にはピーポくんの文房具などが警察の備品として採用されているので、腐るほどある。これを女性にプレゼントすると大喜び間違いナシなのだが、ただプレゼントするだけではダメなのである。

さて、ここからが北芝流だ、若手現役警察官は耳をかっぽじってよく聞いてほしい。

まず、プレゼントするグッズだが、文房具やケータイストラップなどはNGだ。現役諸君は、身近にピーポくんグッズがあり過ぎて気づいていないかもしれないが、こちらは警察関連施設で一般販売されているのだ。だから、プレゼントするなら一般で入手困難なグッズを狙いたい。

ほら、きみたちのまわりにいくらでもあるだろ？　それだよ、それ。それをプレゼントすればいいのだ。Tシャツとかぬいぐるみとかキャップとかさ。しかし、初回の合コンでいきなりプレゼントしてはダメだぞ。

「じゃ、今度会うときに持ってくるよ！」

これだよ、これ。次回につなげるためのピーポくんグッズなのだ。

ここまで書くと「おい、北芝、それって禁じ手だろっ！」と、お怒りの方もいるかと思う。しかし、あまりにもモテない若手警察官のために大目に見ていただきたいものである。

ちなみに、ピーポくんは警視庁のキャラクターなので、地方の警察にはグッズが行き渡っていない。そのためか、出張で警視庁を訪れた警察官がお土産で買っていくことも多い。家族へのお土産ということもあるだろうが、そのほとんどが地方での合コンアイテムとして活用されているのではと、私は睨《にら》んでいる。

また、警視庁以外にもマスコットキャラクターは採用されている。たとえば奈良県警のナポくん。こちらは奈良公園の鹿をイメージしたキャラクターで、関西地区ではとても人気がある。佐賀県警はごろうくん。ムツゴロウをモチーフにしたマスコット。変りダネは新潟県警だろう。特産のお米に、警察の制帽をかぶせたキャラクター、ひかるくん・ひかりちゃんを採用している。

現在のゆるキャラブームに乗って、ぜひこれらのキャラクターたちにも全国区の人気になっていただきたいものである。こちらで紹介した以外にも各県警にいろいろなキャラクターがいるので、関心のある方は暇なときにでもｗｅｂでチェックしてはどうだろうか。

第5章　公安警察、姿なき最前線捜査官

公安はなぜ嫌われるのか

公安の仕事とは何か。

私が公安の捜査官になる直前、訓練教官から教わったのはこうだった。

「市民を守るのが警察官なら、国を守るのが公安捜査官だ！」

一見、ヤクザ風の教官が怒鳴りながら言うと、やや説得力に欠けるのだが、つまりはこういうことだ。

日本の国益に反するあらゆる行為、テロや敵国の諜報活動など、国家体制の存亡に関わる犯罪行為を取締るのが、公安警察なのである。

そのためには日本の国益を害するような意図のある連中は、すべて調べる。たとえ、それが大企業の幹部であれ、総理大臣であっても、である。

戦前の特別高等警察時代の人権を無視した取調べを、小林多喜二が『戦旗』で発表して以降、現在まで、公安に対してはダーティーなイメージが定着しきってしまった感がある。公安嫌いのジャーナリストが多いためか、いまだに世間には、ステレオタイプの残忍な取調べのみ強調されることが多い。

しかし戦後、ＧＨＱにより特別高等警察が解体されてからは、実態はまったく違う。現在の社会情勢において、アンチ公安のジャーナリストが言っているような乱暴な強制捜査など行っていたら、どうしても目立ってしまいスマートな捜査活動などできるはずがない。公安捜査は、身内の警察官、そして家族にすら知られない隠密捜査が基本なのである。

それに拷問だけで犯罪組織の全貌が明らかになるなら、公安警察が行っている、尾行、張り込み、情報取得術、身分隠匿方法などの訓練はまったく意味のないものになってしまう。

事実、公安警察の捜査方法は暴力とはほど遠い。

たとえば、テロリストの疑いがあるＡという男がいる。刑事警察の場合、Ａを徹底的にマークし、タイミングがあえば即事情聴取を行う。

しかし、公安警察はＡに対してすぐ接触することはない。

Ａの行動を調査するのはもちろんだが、Ａの外堀もすべて調べる。出身大学の専攻科目、購読新聞、よく観るテレビ番組、これらのことを徹底的に調べあげ、Ａという人間の思想から趣味嗜好までつかむのだ。

たとえば、Ａがデイリースポーツを購読しているとしよう。阪神タイガースのファンであるという当たりがつく。となれば、タイガースの試合があるときは、テレビやラジオに集中することが多く、犯行に及ぶ可能性は少なくなる。そして、タイガースが勝ったあとなら気分が高揚し、人間として隙が現れる可能性がある。隙が生まれることで、不用意な電話やメールを行うかもしれない。その隙が生じるタイミングを虎視眈々と狙うのである。

実際、情報の取得をどうやってするのかについては、いわずもがなだろう。

思い出したが、私が公安に配属されたとき、ある右翼の大物と代議士との会話のメモを読ませてもらったことがある。配属間もないときだったので、

「どうしてこんなに詳しくメモされているのか」

とつまらない質問を同僚にしたことがあった。

彼は、

「聞いたんじゃねーか」

と素知らぬ顔で答えたが、「公安に狙われたらそーゆーことか」と苦笑したのをいまでも覚えている。

それはさておき、相手の心理を読みながら、また、情報取得術を駆使して、公安捜査官は監視対象者の調査を続けるのである。

Aの趣味や性癖を調査する場合はこうだ。

たとえば、AがSM愛好家なら、その手の店に出入りする可能性が高い。このような店は会員制で秘密倶楽部的な要素が強く、それゆえとんでもない情報がころがっていたりする。

「すみません。ちょっとお店のことお聞きしたいんだけど」

「いやー、うちはホンバンとかそーいうのやってないっすよ」

「でも、届け出してないでしょ。とりあえず、ガサ入れじゃないんだから、ちょっと客層とか教えてよ。おれもこういう店、嫌いじゃないしね」

店員に警察手帳を見せながら喋りかける。

公安捜査官がいきなり身分を明かして、読者諸兄はアレ？　と思うかもしれない。しかし、そこはベテランの捜査官。店員の要請で警察手帳を開きながらも、階級と名前の部分だけはちゃんと隠しているのだ。

秘密倶楽部的な店では、一般人が行っては確実に門前払いになる。しかし、警察手帳を見せれば、相手の店員は、こちらが生活安全課だと勝手に勘違いして、情報をしゃべらざるをえなくなる。ある程度、こちらの身分を明らかにしつつ、情報を得る。このような捜査活動ができるのは、訓練を受けた一定レベルの捜査官ならではといえるだろう。

「テメェ、ウタえって言ってんだろ、バカヤロー！」

と、大声を出して恫喝するような取調べは、公安捜査の実態とはかけ離れている。

私の経験からいえば、捜査対象に大声を張り上げているのは、公安警察でも、かなり旧来のタイプを維持している捜査官だ。彼らの捜査行動、取調べが粗暴だという噂はよく耳にするが、エナジー過剰の人物はどんな組織にもいるものだ。

もう一つ、公安調査庁という機関も結構思い切った活動を展開する。オウム事件の捜査では、現場を荒らしまくっていたというし、彼らの行動と公安警察が混同されて世間に伝わってしまうケースが多くあると考えられる。

私が現役時代も彼らの少々ラフなタイプの尾行で、自分のターゲットに存在を知られてしまうピンチに陥ってしまったこともある。そのときは、

「おい、おまえら公務執行妨害すんじゃねぇ！」

タバコの火を借りるふりをしながら小声でつぶやく。公調の調査員は一瞬、ギョッとしてこちらを睨むが、たいていはおとなしく立ち去る。しかし、なかには血の気の多いヤツがいるのだ。

「なんだテメー、ナメてんじゃねーぞ！」

と、掴みかかってくる。

しかし、公調には逮捕権がない。公安警察のメンバーは、それを知っているから、からかい半分で彼らを挑発しつつ、現場からちょっと乱暴な実力行使で排除した場合もあった。しかし、私自身は近年、公調出身の大学教授などと危機管理研究の学術研究機関で親しくしているので、昔の感覚は消えた。

捜査関係者には厳しく、捜査対象にはスマートに接する。これが、現実の公安捜査官だ。

また、尾行、張り込みなどの情報収集要素の強い捜査を何十年と継続して行うのが公安捜査なのである。だからOBとなっても保秘には神経を使うし、メディア関係者にはどう言われようと「保秘」は仲間の命を守ることだと信じて行動している。であるがゆえに、本書も保秘の部分では少々ディスタンスのある内容であるとお伝えしておきたい。

私自身が行った特殊捜査についても少し触れよう。外国の反戦団体が埼玉県内のある寺院を拠点として日本の過激派や反戦団体と交流している、そんな情報が確かな情報筋から入った。その実情を探るため、潜入したことがある。

アメリカ人活動家も多かったことから、「誰か英語のできるヤツを送り込め」ということで私に白羽の矢が立ってしまったのだ。

この潜入捜査では、何週間も彼らと寝起きを共にし、この団体に仮想敵国である共産圏の国などからどのように援助資金が流れ込んでいるかを掴んだ。ちなみにこの潜入時は偽装のため、超ロン毛をポニーテールにしていた。私にもロン毛の時代があったのだ。

それはさておき、アンチ公安のジャーナリストが言うような暴力・人権無視まみれの世界とは程遠いのが近代公安警察の実態なのだ。

ところで、公安警察の捜査手法に関して、異論を唱える方もおられると思うので、ひと言述べたい。現在、世界各国は、軍事的優位性の確保、温暖化による環境破壊、資源枯渇などの問題に直面し、一歩でも他国より抜きんでようと虚虚実実の暗闘を繰り広げている。

また、冷戦構造の残滓をひきずったような、旧共産国家による諜報活動はいまもなおある。最近の例を挙げよう。

二〇〇八年一月、内閣情報調査室（内調）総務部門の元事務官が、政府機密情報をロシア政府の情報機関員とみられる在日ロシア大使館員に漏えいしていたことが警視庁公安部の調べでわかり、東京地検に書類送検された。内部資料を漏らすことの見返りに、金銭を得ていたこの内調の元事務官は、一九九八年ごろ、つまり十年も前からロシアに情報漏えいを繰り返していたという。

もちろん、北朝鮮の核問題、拉致問題は、現在も喫緊《きっきん》の問題だ。さらに、組織的暴力集団は外国のマフィア集団との連携を深め、彼らの犯罪行為は巧妙を極めるようになった。

このような、日本の国益、ひいては日本の一般良民の利益を侵害するような行為は絶対に許されない。アンチ公安が批判する通信傍受、おとり捜査など、まったくなしで、一部の外国による謀略活動を防いだり、国家間の駆け引きを有利に進めたり、犯罪行為を摘発することなどできるわけがないという現実も直視しなければならない。足かせだらけの捜査手法では限界があるのだ。心からいうが、理解してほしい。

国民が豊かで幸せに暮らすためには、国が豊かである、平和であるということが大前提なのだ。その前提を獲得するために、これからますます公安警察の役割が重要になってくることは間違いない。

公安捜査官に必要な力

公安捜査官になるには、体力・頭脳・センスなど、捜査に関わるすべてにおいて高次元の能力が要求される。たとえキャリアであっても、直接の公安捜査に即運用されるということはまずない。むしろ、交番勤務、刑事警察などひととおり経験を積んだ者が重宝される世界である。もちろん、捜査官になる人間は、宗教、思想、借金の有無、はたまた親兄弟、友人関係まで先輩の公安捜査官に調べ上げられ、すべてにおいてクリアした人間のみ採用されることになる。

私の場合は公安捜査官の登竜門ともいえる、警視庁外国語研修を経て公安に採用されることになった。当時は英語・ロシア語をある一定のレベル話すことができたので、のちに公安の一部門である外事警察にも起用されたのだ。この部署は、国際テロ組織が国内でも暗躍する現在において、自衛隊と並んで国防の最前線と呼べるだろう。

諜報に携わる人間のメンタリティについても触れようか。

たとえば、北朝鮮がミサイル発射の準備を進めているとの情報が入る。もちろん、マスコミで報道されるずっと前からその前兆は確認しているのだが、こんな緊急事態のときでも彼らはまったく動じない。

アメリカのCIAや韓国の国家情報院など同盟国の諜報機関と連携をとりつつ、国内に潜伏している関係者のマークを、いつも通り欠かさない。必ず何か動きがあるからである。

「北朝鮮がミサイルを発射しました！」

テレビのアナウンサーが緊急ニュースをうろたえながら流すころ、世界中の諜報員たちはホッと胸をなでおろす。

なぜなら、彼ら諜報部員は、ミサイル発射の瞬間までの情報収集が主な任務であり、マスコミに報道される前からすでに「ミサイルは発射される」ということがわかりきっているからである。つまり、彼らにとっての問題は、〝どこに？〟〝どんな弾頭が？〟という収集情報が正しかったのかどうか、ということになる。冷静沈着、どんなときでも任務に忠実でいられるのは、強い精神力があるからにほかならない。

私も元公安捜査官として多くは語れないが、彼らの行動はマスコミの報道など比べものにならないくらい、何歩も先を行っているのである。また、彼らの活動がマスコミに報道されることもほとんどない。したがって、効果、功績があっても顕彰されず、警視総監賞などもらうことは希だ。

だが、それが諜報部員というものなのである。

ちなみに、現在の警視庁公安部の組織は次のようになっている。

公安総務課・宗教団体や一部政党などを担当
公安第一課・数種の極左団体担当
公安第二課・労働団体、一部の極左団体担当
公安第三課・右翼団体を担当
公安第四課・公安一～三課、外事一～三課の資料整理担当
外事第一課・ロシアを含む旧東欧諸国のほか、ヨーロッパなどを担当
外事第二課・極東東南アジア担当
外事第三課・国際テロリスト、中東担当

これに加え、公安部直轄の部隊として、テロやゲリラの初動捜査を行う専門部隊・公安機動捜査隊が設立されている。

都道府県警察で公安部があるのは警視庁だけだ。通常は、警備部内に公安課として設置されている。公安警察はほかのセクションとは異なり、警察庁警備局が一元的に指揮・管理を行う。警視庁公安部はその実働部隊のエースであり、自衛隊の情報保全隊、ＣＩＡなどに代表される各国の課報機関に近い組織といえるだろう。

先ほど、公安捜査官たちの行動がほとんどマスコミに報道されることはないと書いたが、近年の国際テロの増加から、抑止力的な意味で公安の活動がマスコミに公開されるケースもある。

それが、二〇〇六年十一月に東京都で国民保護法に基づく対テロ訓練として行われた「大規模テロ災害対処共同訓練」である。

テロリストが都内の高架線を切断し、首都が大停電に陥る。立て続けに、爆破、細菌散布の同時多発テロが発生！　という最悪の事態を想定した、警察、消防、そして自衛隊による共同訓練として行われた。

この訓練で科学テロの対処のため、自衛隊や消防の中心として活躍したのが警視庁公安部に所属する公安機動捜査隊・NBCテロ捜査隊である。

彼らNBCテロ捜査隊は、九五年のオウム事件を教訓にして、二〇〇〇年に発足した部隊で、海外の特殊部隊や自衛隊の第一科学防護隊と共に合同訓練することが多く、知識、錬度ともに世界屈指の対科学テロ部隊といえるだろう。

このように、テロリズムのグローバル化にしたがい、いままで陰の存在として活動してきた公安の人間たちが表だって活動するケースは、今後より増えていくことと思われる。

いままで、公安がもつ技術は公安のみに継承してきたのだが、国家の安定を揺るがすテロ組織と対峙するため、公安のもつ最新の捜査技術を訓練において消防や自衛隊などの外部機関と共有することが今後の治安維持で大きなウエイトを占めてくるだろう。

各国諜報機関のお仕事

中国、ロシアを隣国にもち、西側と極東の中継地として機能する日本は、明治以来、各国諜報機関が大集結するスパイ天国となっている。

もちろん、私の現役時代も各国の諜報部員たちが、日本全国に派遣されていた。頼れる味方陣営は、イギリスのＭＩ６、アメリカのＣＩＡ、韓国の国家情報院など。もちろん、遠く中東からイスラエル代表のモサドのみなさんまでいらっしゃっている。

そしてわれわれの諜報対象になるのが、ソビエトの旧ＫＧＢ（現ＦＳＢ・ロシア連邦保安庁）、中国の国家安全部、北朝鮮の作戦部などである。

なかには大使館勤務と所属を明らかにしているケースオフィサーもいるが、彼らの多くは、教師や通信社勤務、一般の旅行者などに扮して日本に潜伏している。極端な話だが、よく街にいる外国人のジャグラーが諜報部員というケースもあるし、ジャイアンツに入団した新助っ人が諜報部員というのもありえない話ではないのだ。

訓練を受けた諜報部員というのは、それぐらいなんでもアリなのである。なにせ、あの作家のサマセット・モームも英国諜報部員だったのだから。

敵国の諜報部員が日本に潜入する目的は、同じく潜入している各国情報機関の情報収集はもちろんだが、日本が誇るハイテク技術の入手も重要な任務になる。

ハイテク技術の入手は、ビジネスマンを装った諜報部員が行う。また、女性諜報部員が色仕掛け（ハニートラップ）でハイテク産業の社員に接近し、情報を入手する場合も多くある。

私も現役時代に、KGBに雇われた女性諜報部員をマークし、調査した経験があるが、いますぐハリウッドで活躍できるほどの美人だった。

彼女はアメリカ人の商社マンから、ハイテク技術および在日米軍の情報を探っていた。私も適切な身分呈示のうえ、人を介して彼女に接近したが、あくまでそれとなく私がもっているであろう情報を聞き出そうと試みてくるのである。パーティーなどに同席しても、すぐにツーショットに持ち込もうとする。

もちろん、色仕掛けもあり、何度も誘惑されそうになったが、こっちは相手が諜報部員とわかりきっているので、その手には乗らなかった。それに、仮に誘惑に負けてしまったら、彼女を監視するという任務が遂行できなくなってしまう。

逆に西側情報機関のなかにはハニートラップに対して「相手とガンガン寝るように！」と、指示するところもある。寝ることで親密な関係になり、逆に相手から情報を盗むというわけだ。

日本の公安捜査ではご法度の手法だが、実にうらやましいと思うのは私だけではないだろう。なにせ、クレムリン仕込みの〝ボンドガール〟とお楽しみができるのだから。

ハイテク技術の入手方法は企業に潜入して社員に接近するだけではない。多くのメイド喫茶やパソコン関連ショップが立ち並ぶ世界最大の電脳街・秋葉原。実は、ここでいくらでもハイテク技術は入手できるのだ。

たとえば、手のひらサイズのＧＰＳ機器などはもちろんだが、各種無線機器のパーツ、そしてあらゆるノイズを遮断する高級オーディオ用のケーブルなどは、いくらでも軍事技術への転用が可能で、自前で生産する技術のない国ではノドから両手両足が出るほどほしい逸品ばかりなのである。

これらが、なんの証明書もなく、さらに外国人であっても当たり前のように買えてしまう。こんな魅力的な街は、世界中探してもココだけだろう。

また、町工場レベルでも日本人熟練工の旋盤技術で、ミサイルや潜水艦に使われる部品を製造することができる。

当然、このような技術をもった人間には、敵側の諜報部員たちが接触を図りたがる。もちろん、「私は○×国の諜報部員で、このような部品をわが国のために製作してほしい」

なんてオファーはしない。

いつ？　どこで？　何に？　使用されるかをすべて偽装された上で発注され、依頼者もすべて偽の肩書きを使用するのだから、依頼されたほうも不審に感じることなく、普通に仕事をこなしてしまうことになる。

ともあれ、とてつもない年月をかけて、このような技術者たちに害虫が寄生しないように監視するのが、公安警察にとっての重要なミッションなのである。なにとぞご理解いただきたい。

諜報部員の小道具

映画や小説には、諜報部員が携帯する小道具として、超小型のカメラ、ペン型やベルト型の特殊ピストルなど様々な特殊メカが登場する。

これらはフィクションの世界だけのものと思われがちだが、すべて実在したものだ。

これらのグッズがもっとも活躍したのは、第二次大戦勃発から冷戦終結まで。多くはソ連のＫＧＢやＣＩＡの前身であるＯＳＳ（Office of Strategic Services）によって開発された。

たとえば、ＯＳＳ用に開発した小型カメラは、マッチ箱ほどの大きさでマイクロフィルムを使用し、本体を書類の上に置いてなぞるだけで撮影ができた。

現在では名刺を読み取る小型のスキャナーなどが民生品として販売されているが、スパイたちは一九四〇年代からこのようなグッズを使用していたのである。

マイクロフィルムの隠蔽方法は、ＫＧＢが優れていた。彼らは、義眼や入れ歯の中にフィルムや秘密文書を隠した。探知機が発達していない時代なら、発見するのはかなり困難だったと思われる。

また、特殊ピストルで有名なのは、ＫＧＢが使用したこうもり傘型のピストルである。傘の先端からイリジウム合金の弾丸を発射でき、弾丸には青酸カリ系の劇薬が塗布されている。ピストルというよりも注射器に近いもので、撃たれた本人もチクリとする程度。音がほとんど出ないので、周囲に怪しまれることなくターゲットを抹殺できるピストルとして、ＫＧＢをはじめとする東側のエージェントに好まれた。

このピストルは、一九七八年、ＫＧＢによってロンドンでブルガリア人ジャーナリスト暗殺に使用され、一躍その存在が世に知られることになった。

このころはＫＧＢの活動がもっとも活発だった時期であり、多くの西側諜報部員がこのような兵器で暗殺されたり、消息を絶つ事件が多発していた。

この時期、日本でも、地方警察の捜査官がニコライ堂近辺で目撃されたのを最後に消息を絶つという事件が起こった。

任務のため、このような兵器で敵側の諜報部員を始末する――これがかつての東側のスタンダードだったのだ。

もともとスパイの暗殺用として開発されてきた特殊ピストルだが、近年、テロリストたちがハイジャック用として開発製造することが多くなった。昨年押収されたもののなかには、携帯電話型のピストルまであった。見た目はどこにでもある普通の携帯電話で、二十二口径の弾を四発装填できるというシロモノだ。機内に持ち込み、人質を取り、ハイジャックを実行するには充分なスペックといえるだろう。

このように諜報機関が独自に開発したもの以外にも、スパイには欠かせないグッズがある。それはタバコだ。

「すいません、ちょっと火を貸してもらえますか？」

と、ターゲットに接近したり、タバコを忘れたふりをして場所を移動したり、いろいろなことに使える。最近では、禁煙スペースが増えているのも好都合だ。

「ちょっと、タバコ吸ってくるよ」

このひと言だけで、誰にも怪しまれずに現場から離脱することができるのである。

タバコは吸わなくても、ポケットには常にライターとセットで――。これが、諜報部員たちの必需品である。

外部機関と公安警察

任務の秘匿性から、公安警察と外部組織が深く交わることはほとんどなかった。その傾向に変化が生じたのは、公安警察と外部組織の合同任務が行われるようになった一九九五年のオウム事件からだろう。

オウム真理教上九一色村の施設への強制捜査の際、防護服に身を包んだのは警察関係者だけでなく、多くの自衛隊員も含まれていた。それは、自衛隊所属の調査隊員や特別任務の隊員たちである（彼らは本当に優秀で人間味もある。私は今でも彼らと飲食会をしているが、尊敬すべき国防官たちだ）。

調査隊は、現在では名称が変更され、情報保全隊となっているが、彼らは防衛大臣直轄の情報収集部隊であり、その実態は公安警察と並ぶ日本の極めて優秀な諜報機関である。

私はかつて調査隊から講師として招かれた経験があるが、そのとき、「さすが戦前日本の秘密戦を支えた陸軍中野学校の末裔だ」と感心したものである。

講師任命期間中、調査隊のメンバーが私のことをずっと尾行するレクリエーションがあったのだが、彼らの尾行を巻くのにずいぶんと苦労した思い出があるからだ。

情報保全隊の仕事は、北朝鮮船舶万景峰号《マンギョンボン》の監視や、現役の海上自衛官が機密情報を持ち出すというハニートラップがらみの事件調査など、公安警察の任務とかぶる部分も多くある。今後、このような事件を未然に防ぐためにも、彼らと公安警察との連携プレイが、一層必要不可欠になってくるだろう。

反権力を標榜してメシを食っているメディアの連中にとって、この内容は刺激的で批判したくなるだろうが、隣国の支配下に置かれた場合を考えてもらいたい。言論統制が行われたり、暗殺されたりするのとどっちがいいだろうか。

ところで、自衛隊のある情報部隊が統合され、二〇〇七年に中央情報隊として新編成された。この部隊には、海外での情報収集活動や情報提供者の育成などを行うヒューミント部隊が新設される予定だ。

ヒューミント（HUMINT）とは、各国の諜報機関では、海外でのスパイ活動を意味する言葉として使われている。

各国の諜報機関では当たり前のこととして行われているヒューミント活動だが、日本では公安警察も組織活動としては行っていない諜報活動である。

自衛隊のヒューミント部隊も、新設当初はＣＩＡなど海外の諜報機関からノウハウを吸収することになるが、諜報技術を体得し、それを公安警察など国内の諜報機関と共有することで、より強固な日本独自の諜報・防諜システムへと発展させられるだろう。

また、自衛隊では従来の普通科や通信科のほかに、課報・防諜を専門に扱うセクションとして〇九年度末までに情報科を編成することが決定した。幹部、曹士クラスを合わせて三千人規模の大所帯になる予定で、情報戦がターニングポイントとなる近代戦では、まさに彼らが国防の砦となることだろう。

公安警察に所属する我が後輩たちにとっても、頼もしい存在であるはずだ。仲良くやってくれ。

そして、外国人テロ組織の上陸を水際で食い止めるのに重要な役割を果たすのが、海上保安庁である。近年、映画『海猿』のヒットにより、一般人に多く知られるようになった海保だが、彼らの任務は映画で紹介されている特殊救難隊による救助作業ばかりではない。

特殊警備隊ＳＳＴ（Special Security Team）は、海保版の特殊部隊で、海賊によるシージャックや不審船の監視追跡、密輸船の拿捕《だほ》などを任務とする部隊だ。この部隊には、銃火器のスペシャリストはもちろん、通信、爆破、朝鮮語と中国語をメインとする語学のスペシャリストを配置し、一流の特殊部隊として機能している。

創設されたのは九〇年代初頭、訓練は米海軍の特殊部隊（SEALs）が担当した。しかし、部隊編成、使用火器などすべての部分が非公開になっているので、私の口から多くは語らない。

ただ、いえることは、臨検や不審船や海賊船との銃撃戦などを含めて、日本でもっとも実戦経験の豊富な部隊であることは間違いないだろう。レベルは本当に高い。

事実、近年では東南アジア諸国が、対海賊戦闘や不審船への臨検訓練などで彼らＳＳＴを招いて技術指導を受けることが多く、その模様が海外メディアを通して国内でも希に紹介される機会がある。

もっとも高度な降下技術といわれる、船舶へのヘリコプターからのラペリング降下をいとも簡単に行い、そのまま船上を索敵、武装解除する技術は、現役の自衛隊特殊作戦群も舌を巻くほどの技術である。

もともと東南アジア諸国への、これらの訓練や技術指導は、米軍の特殊部隊が行っていた業務で、それを海保が代行しているわけだから、アメリカを含めた世界各国からの評価はとてもよいものだといえよう。

テロ組織の資金源となる麻薬、武器密輸などの防止、原子力発電所など重要防護施設の陸上と海上からの合同警備、そして再び拉致事件を起こさないためにも、公安警察と海上保安庁の連携は欠かせないのである。

また、空港からの麻薬の取締りに活躍するのは、厚生労働省に所属する麻薬取締官である。麻薬取締官は、麻薬捜査限定で逮捕権をもっており、さらに麻薬捜査限定ながら「おとり捜査」も行え、部分的ではあるが警察機関よりフレキシブルな捜査活動が行える組織といえるだろう。おとり捜査は危険を伴う活動が多いため、けん銃の携帯も許可されている。

もちろん、尾行・張り込みなどの技術レベルも高く、公安警察と比較してもまったく見劣りしない動きをしてくれる連中である。

実は、私も現役時代は麻薬取締官たちには大変お世話になっており、よく情報交換をしたものである。そのときはいつも厚生省（当時）の食堂を使用させていただいた。なぜなら、ここのメシは安くて本当に美味いのである。厚生労働省になってからもいい味だと聞いている（というのはかなりヨイショが入っていて、近年は味が落ちているらしい）。

後輩たちのためにも、ぜひ食堂部門でも麻取と公安の交流を深めていただきたいものである。

外部機関でなく、警察の内輪になるが、ほとんど一般に知られていない組織として、国際テロリズム緊急展開班ＴＲＴ—２（Terrorism Response Team-Tactical Wing for Overseas）がある。九六年の在ペルー日本国大使公邸占拠事件を教訓に設立された、国際テロ緊急展開チームＴＲＴ（Terrorism Response Team）を発展的に改組したのがＴＲＴ—２である。

彼らの任務は海外で邦人が巻き込まれたテロ事件や誘拐事件の際、現地の治安情報機関と連携したり、人質交渉したりすることだ。

メンバーのほとんどが元公安捜査官で構成されており、任務の性質上、とくに外事の捜査官だった者が多い。

活動実績としては、〇四年九月ジャカルタでの豪州大使館前爆破テロ事件や同年十月のイラク邦人人質殺害事件などで現地へ派遣されている。

将来的には、海外での人質事件などの際、特殊急襲部隊ＳＡＴ（Special Assault Team）とセットで派遣され、情報収集はＴＲＴ—２、作戦実行はＳＡＴという、欧米の警察機構のような任務が展開されることも考えられる。

　余談だが、私はある部隊の特殊訓練に参加した経験がある。

　当日、支給された活動的な作業用の上下服にジャングルブーツ姿で高尾山に集合した。上下服は当時の自衛隊の物とも、米軍の物とも違う仕様で、対暗視装置用の特殊コーティングがほどこされているような物だった。

「全員、整列ーッ！」

　怒鳴り声を上げる教官らしき人物は、警察官ではないだろう。随所、随所に軍隊用語を使用し、模擬けん銃の構えなども警察のそれとはまったく違っていた。

「おまえら、これがキャンプだと思ったら大間違いだぞ！　水もメシも自給自足。山岳訓練だ!!」

　教官が怒声を張り上げ言ったそばから、

「健ちゃん、カップメン持ってきたから、あとで食おうぜ」

「ボコンッ！」

　カップメン持参の相棒は容赦なく鉄拳制裁された。

　もちろん、カップメンはその場で没収。すさまじい迫力で、警察学校の助教を思い出した。いや、それ以上かもしれない。

　このあと、山岳移動における痕跡消去の訓練を中心に行った。飯ごうで食事をしたあとの消毒方法、つまり、食事をした形跡をすべて消し去る方法のレクチャーを受けたのだ。燃料の燃えカスを片付けるのはもちろん、小石一つまで、食事前の状態に戻すのである。

もちろん、移動中も足跡の点検消毒を行う。川辺なら水のなかを歩く。なぜなら、水流で足跡が流されるからだ。また、ジャングルブーツの底に大きめの葉を巻きつけると、土の上を歩いても足跡が残らないなどの技術を教わった。

私としては、ちょっと乱暴なキャンプのようでエンジョイさせてもらったが、なかには骨折する者もいて、いまになって振り返るとかなり過酷な訓練だったと思う。

後日、元傭兵の友人に話すと、

「それは特殊部隊が敵を追撃、もしくは敵から撤退する際の基本訓練ですよ」

と聞かされた。

当時、完全な非公式訓練だったため、あえて明言は避けるが、教官は自衛官、もしくはほかの軍事関係の人間だったのかもしれない。

私が現役だったころとは異なり、現在では警察、自衛隊との合同訓練は公式に行われるようになった。

〇五年、陸上自衛隊真駒内駐屯地では、同駐屯地所属の陸自レンジャー部隊と北海道警察本部のSATとの合同訓練が実施された。

人質事件を想定した救出訓練を行い、使用武器や訓練方法も違う組織ながら、合同で閉所への突入、そして犯人の制圧と、息の合った連携作戦を見せてくれた。

ところで、もし首都で大規模なテロ事件が発生した場合でも、即自衛隊の出動があるか否かについては、様々な見方があるだろう。

しかし有事の場合、機動隊員や負傷者の輸送に自衛隊の大型ヘリコプターを使用する可能性は大いに考えられる。

テロリスト側が、ＲＰＧ─７などの携帯用ロケットランチャーを所持しており、警察の力だけでは対抗できない場合には合同で殲滅作戦を決行するケースも肯定的に考えられる。

事実、首都・東京で行われた「大規模テロ災害対処共同訓練」のテーマは〝連携〟である。

日本の安全神話が崩壊し、テロリズムが確実に身近に迫っているいま、自衛隊、消防、そして公安警察との組織を越えた横のつながりはますます深くなっていくのである。

第6章　仕事のできる警察官、できない警察官

使える警官、必要な警官

現在、日本で警察組織に身を置く者の人数は、およそ二十七万人。二十七万人といわれてもその規模は想像がつかないと思うが、民間企業でたとえれば、本田技研工業やソニーという巨大企業ですら関連会社を含め約十六万人なのである。こうして見ると、二十七万人という規模の巨大さがご理解いただけると思う。

警察組織より巨大な民間企業は世界的に見ても、関連会社を含め約二十八万人を有するトヨタ自動車や、米国のゼネラルモータースぐらいしか見当たらない。

このような超巨大組織だからこそ、民間と同じく「使えるヤツ」と「使えないヤツ」がいるのはなんら不思議なことではないのだ。

さて、警察組織において〝使えるヤツ〟とはどのような人間だろう？

私の経験からいえば、腕っ節の強さに限る。確かに、頭の切れる者、経理業務が優秀な者も使えるが、どこの現場でも重宝されるのが腕っ節の強い人間である。

たとえば、交通整理。警察によって交通整理が行われる場所は、全国どの地方においても事故多発地帯である。

バイクで転倒したり、車内に閉じ込められた人間を救出する際にもっとも重宝する人間は、いわずもがな腕っ節の強い人間なのである。もちろん、繁華街でのパトロールなどでは抜群の活躍を見せるし、職務以外でも柔道の国際大会やオリンピックなどで大活躍をして、警察の広報活動に大いに貢献してくれるのである。

では、警察組織において〝必要なヤツ〟とはどのような人間だろう？

第一次大戦後、ヴェルサイユ条約によって荒廃しきったドイツ陸軍を再建したハンス・フォン・ゼークト上級大将の軍人運用方法がそのまま警察組織にも当てはめられると考える。俗にいう、〝ゼークトの組織論〟である。

ここでちょっと、ゼークトの組織論を絡め、私なりの警察組織論を簡単に説明してみよう。ゼークトが軍隊に必要だと考えたのは、このような人材である。

①有能な怠け者

ゼークトいわく、怠け者は、「自身はサボっても部下の力を遺憾なく発揮させることで、要領よく自分と部隊が勝利できる方法を常に考える」ため、有能な怠け者は前線指揮官に最適である。

警察組織にたとえるなら、現場で事件の陣頭指揮をする警部補、警部クラスだ。怠け者すぎるのは困りものだが、部下の能力を最大限に発揮させられる能力こそが、このクラスの人間にはもっとも必要だと私も考える。また、テロ事件の際に最前線で戦うＳＡＴなどで危機的状況に陥った場合、人質や自身が生き残るために部下の能力を最大限に活用する可能性も、このようなタイプの人間は秘めているといえるだろう。

民間でいえば中間管理職だ。ある意味、自身が釣りに行くため、部下たちへ仕事を効率よくあてがう『釣りバカ日誌』のハマちゃんはとんでもなく優秀な中間管理職なのかもしれない。

②有能な働き者

このような人間は、勤勉であり自ら考え、適切に実行しようとする。また、あらゆる状況下に対応するため、下準備を施すことも忘れない。「参謀として司令官を補佐するのがよい」とゼークトは言う。

警察組織なら警察署長をバックアップする、警視あたりのポジションに該当するだろう。つまり、番頭さんだ。ここがひどいとどんな組織でも崩壊するし、逆にここが秀でていればどんな組織でも右肩上がりになる。もっとも、制服の威力のみで定年まで威張って終わる者もいるのだが……。

また、このように優秀な番頭さんは昇進してトップになった場合でも、自身の後任をちゃんと育てることも忘れない。

警察組織においてキャリア組の幹部候補生にこのような人材が多くいてくれれば、日本の治安は安泰な上にも安泰なのだが……。

③無能な怠け者

「自ら考え動こうとしないが、命令通りに動く」。つまり、自ら作戦立案などはしないが、命令には服従し、自身に与えられた任務を完遂する人間である。このような人間をゼークトは最前線で戦う一般兵士に最適だと考えた。

警察組織においても、このような人間は巡査、巡査長、巡査部長として繁華街などの最前線で戦っていただくと、これほど心強い相棒はいない。腕っ節が強ければ、まさに最強である。

また、このような人材は警察組織の基幹となるので、ここの良し悪しで警察組織の実戦的な質が問われることが多々あると考える。

④無能な働き者

ゼークトいわく「これは処刑するしかない」。かなり過激な表現だが、簡単に説明するとこうだ。働き者ではあるが無能ゆえ、間違った命令でも自分で判断を下し命令を放棄することはない。さらに、働き者でまじめな性格のため、間違った命令に最後まで従ったあげく、大損害を起してしまう可能性があるからだ。

このような人材が組織の中枢にいてしまうと目も当てられないだろう。もちろん、どのような組織でもこのような人間はＮＧであるが、国民の安全を守るべき軍隊や警察組織では、なおさら不必要なのである。

このゼークトの組織論に登場するような人間を適材適所に配置し運営すれば、警察官をとりまく環境は飛躍的に向上するかもしれない。もちろん、配置だけでなく、これらの人材の組み合わせもとても重要になってくるだろう。

警察組織で捜査における人材の組み合わせは、とても重要なのだ。よく、刑事ドラマなどでは、一匹狼的な刑事が大暴れするストーリーが描かれることが多い。一人で捜査をして、銃撃戦もやって、鑑識的な作業もこなし、犯人を逮捕して、さらにヒロインともヤリ放題、というキャラクターがほとんどだ。

確かに、映画的にはとてもカッコよく描かれており、私なんか少しだけ「うらやましーなー」と思ったりする。

映画やドラマでは、このようなステレオタイプな一匹狼刑事ばかり登場するので、視聴者のなかには実在のモデルがいるのでは？　と勘違いしている方も多いと思う。事実、私も講演会などではそんな質問をよく受けたりする。

しかし、こんなスーパーマン的な刑事はまずいない。

すべてフィクションなのだ。

というのは、捜査活動は基本的に二人一組のチームで活動するからなのである。常に有事に備えお互いでバックアップし合うのが基本である。たとえ鑑識であっても単独行動はしないし、もちろん最新の銃火器を扱うＳＡＴであってもランボーのような単独行動はありえないのだ。

希に、相棒と別れて聞き込みを行ったりするケースもあるが、ルーティンの通常業務ならいざ知らず、捜査本部の意向に従わず単独行動を行うことは考えられない。

よって、警察組織においては、ゼークトの組織論に登場した人材たちを、さらに有効かつ合理的に配置するためのシステム構成が重要なのだと私は考える。

それでは、次項からは私が知る警察組織の優秀な人間たちを紹介していこう。

ノンキャリの星・田宮榮一

テレビ界では、大規模な事件や事故が発生すると、コメンテーターとしてまずこのお方にお声をかける。血色の良いニコニコ顔のおじさんであるが、なんと今年で七十六歳。

しかし、事件を解説する眼光はいまだに鋭く、視聴者にわかりやすく的確に伝える推察力もまったく鈍っていないのはさすがである。

一九三二年に台湾で生まれた田宮榮一氏は、中央大学を卒業後の五二年に警視庁の巡査として警官人生をスタートさせた。巡査からの警察官人生となるので、もちろんノンキャリでの採用だ。

駆け出しの時代から氏の捜査能力は優れており、情報屋などに対しても親身に接して、それが事件解決の糸口になったケースも少なくない。

また、法律知識を自分のものにするために、捜査活動終了後に睡眠時間を削って勉強していたという伝説もあるほどの勉強家でもある。

その勤勉さで培った捜査技術のなかで、氏がもっとも秀でていたのは鑑識技術だった。現場、そして捜査終了後の自主勉強などで、その鑑識能力は他の追随を許さないほどに培われていった。

そんな氏の才能を警察の人事も放っておくはずがなく、しばらくして警視庁刑事部の鑑識課長に抜擢されることになる。ここから出世のスピードが超音速でアップする。

鑑識課長を経て、ノンキャリ警察官の花形ポストといわれる捜査一課長に昇進した。

よくテレビ出演時などでは〝元警視庁捜査一課長〟と紹介されることが多いが、これは捜査一課長時代、大車輪の活躍っぷりだったからと思われる。それに、強盗や殺人犯など凶悪犯罪をメインに扱う捜査一課の名は、一般の視聴者にも知られており、テレビ的な肩書きとしては、とても〝おいしい〟ものなのであろう。

ちなみに田宮氏が捜査一課時代に捜査に関わった事件には、次のようなものがある。

一九八一年　八月十三日　三浦和義事件（ロス事件）
当時、輸入雑貨業を営んでいた三浦和義氏の妻、一美さんが、米国のロサンゼルス市内のホテルで頭部を鈍器によって殴打される事件が発生。
その後、十一月十八日、ロス郊外の駐車場にて一美さんが狙撃された。同時に夫である三浦和義氏も脚部に銃弾を受け負傷。
これらは、三浦和義氏の保険金詐欺事件として、当時、捜査一係長だった田宮氏を中心に捜査が進められた。

一九八二年　二月八日　ホテルニュージャパン火災事件

ショッピングセンターやオープンカフェなどを有し、戦後初の多機能ホテルとして一九六〇年にオープンしたホテルニュージャパン。

この建物で深夜に発生した火災で、三十三名の尊い命が奪われた。

出火原因はホテル九階に宿泊していたイギリス人観光客の寝タバコが原因といわれているが、いまだ詳しい原因は判明していない。


一九八二年　二月九日　日本航空三五〇便墜落事故
通称「日航逆噴射事故」。午前七時三十四分に福岡空港を離陸し、順調に飛行していた三五〇便。しかし、羽田空港へ着陸直前の八時四十四分、機体が急降下を始め、海面の誘導灯を巻き込みつつ滑走路前方の海面に墜落。機体は海面に叩きつけられ、真っ二つに破損した。

乗客百六十六名、乗員八名が搭乗していたこの事故で、二十四名の尊い命が奪われた。

当初、機体トラブルと思われた事故だったが、捜査が進むにつれ、驚愕の事実が発覚した。捜査の決め手となったのは、コックピット内の機長をはじめとする乗員たちのやりとりを記録したボイスレコーダーだった。このボイスレコーダーには機長と副機長の壮絶なやりとりが記録されていたのだ。

「キャプテン！　やめてください！」

このやりとりが糸口になり、着陸直前に錯乱状態にあった機長が逆噴射を行い、三五〇便が事故でなく人災で墜落したことが判明した。

鑑識畑を長年経験した氏ならではの捜査だったといえるだろう。

このように、捜査一課時代だけに絞って担当した事件の一部をピックアップしても、昭和の歴史に名を刻んだ事件ばかりである。これだけでも田宮氏の敏腕っぷりが、読者のみなさまにもご理解いただけると思う。

しかし、田宮氏が優れていたのは捜査能力だけでない。後輩の育成面においても、その手腕が発揮されたのである。

田宮氏は警察学校の校長に就任していた時代もある。当時、警察学校は通称・田宮学校と呼ばれ、彼の教えを受けたほとんどの者が、現在でも現場の指揮官クラスとして、警察内で確固たる地位を築いている。私の知人にも氏の教え子がいるが、その捜査能力の高さは、まさに田宮氏譲りといえるだろう。

鑑識課長、捜査一課長、新宿署署長、警察学校長など華々しい経歴をもつ田宮氏の最終階級は、警視監である。これは、警察組織でナンバー二となる。

役職としては、警ら部長で、全国の警察署、警官、パトカー、交番を管理する立場にあった。

ノンキャリとしては、異例の出世である。

なぜ、田宮氏はノンキャリでありながらこれほどまで出世できたのか？

それは常人ではマネのできない、独特の勉強センスがあったということに尽きると思う。加えて不断の努力であると私は考える。

私は田宮氏のもとで捜査活動を行った経験はないが、その当時の氏の印象としては、とにかく姿勢のよい人だったのを記憶している。遠くから見ても、そのピンっと張った姿勢のよさは一目瞭然だった。

そんな田宮氏が、ある雑誌のインタビュー記事で、自身のコメンテーターとしてのポリシーを語っていたことがある。

「取材で現場には出るけど、警察からはコメントをもらわない。記者でも刑事でもないんだから、聞ける範囲で事件を自分なりに調べるだけ」

そんな取材ポリシーをもった氏の事件コメントは、常に的確であり、推理に関してもまったく鈍っていない。現役の刑事たちも氏のコメントには、一目置かずにいられないのが現状である。

現在、田宮氏はコメンテーター活動のほかに、警察官の昇進試験用のテキストなどを手がける出版社「警察研修社」を運営して、陰ながら後輩たちの指導にあたっている。

しかし、田宮氏ほどの人材が現役を退いたとはいえ、昇進試験用のテキスト作成だけの指導では、不十分と私は考えている。

現在、七十六歳の田宮氏であるが、私は氏を現場に復帰させるべく、三顧の礼をもって要請すべきと考える。強行犯を多く扱う捜査一課長は体力的に難しいだろう。しかし、氏が鑑識畑で培った技術、とくに科学捜査の面ではいまだトップレベルを維持していることが、テレビでのコメントを観ているだけで十分に伝わってくる。

北芝からのお願いです。後輩たち、そして日本のためにも、なにとぞ現役復帰を考えてくれませんでしょうか。お願いしますっ！

北芝流、警察出身コメンテーター批評《レビュー》

田宮氏の話が出たところで、警察出身のコメンテーターについても触れておこう。私も含めて警察出身のコメンテーターは、事件や事故が発生すると何かとコメントや現場取材を求められることが多いポジションである。

それでは、コメンテーターのお仕事とは、どんなものなのだろうか？　私の経験している範囲で読者のみなさんにお伝えしよう。

私の場合でいえば、事件発生後はまず携帯電話に新聞社からの電話が鳴り続ける。たとえば、事件発生が深夜なら、その瞬間から電話が鳴り響くのである。朝刊紙はスケジュール的にアウトだが、締め切りにギリギリ間に合わせようとする夕刊紙から連続して電話がかかってくるのだ。

こっちの睡眠などお構いなしの電話攻勢なのだが、新聞記者のみなさんも仕事なのだからしょうがない。ときには、彼らからとんでもない芸能情報や、誰も知らない絶品グルメ情報を耳打ちしていただくこともあるので、邪険に扱うわけにはいかないのだ。とりあえず、お気に入りの缶コーヒーを二本ほど一気飲みして頭をリフレッシュし、事件の概要を把握し次第、真摯にコメントを出すようにしている。

続いて、早朝になって週刊誌とテレビ局からの出演依頼がある。週刊誌の場合、締め切りまで余裕があるときもあるので、そのときは取材を先に延ばしてもらうことにし、テレビの収録を先に行うことになる。

しかし、収録の合間にも携帯のバイブがひっきりなしにコールする。だから結局、休憩の合間を縫って週刊誌の取材に答えるという多忙っぷりに襲われるのである。このような状態なので、休憩中とはいえ食事すらままならないのだ。

もちろん、これだけではすまず直接現場へ赴《おもむ》いて取材活動を行うケースも多々ある。朝のテレビ番組の収録後に、翌日の収録に合わせて現地へ飛ぶことになる。

地方への移動は新幹線か飛行機になるわけだが、ここでウトウトと睡眠をとっているヒマはない。何を行うかというと、深夜にコメントを出した夕刊紙が刷り上っているので、これで自分の発言をチェックしつつ、私と同様に新聞各紙の取材のコメントを出しているコメンテーターのみなさんの発言にも目を通す。新聞各紙をチェックすることで、事件の概要を復習できるし、ほかのコメンテーターのみなさんの意見もいろいろと読めて、今後の取材に大いに役に立つのだ。

そして、現場入り。現場周辺を歩くだけでも多くの情報を得ることができる。たとえば、道幅。道幅の広さで、犯人が逃走に使った自動車のサイズを割り出すことができる。あとは犯行現場が一軒家なら、その壁を調べることで、周囲の家に音が漏れるか？　なども把握できるのだ。もちろん、その一軒家のどことどこに死角があるかなどのチェックも忘れない。その後は、現場周辺の聞き込みを行い、独自の検証を導き出すようにする。

こういったところでは、取材記者のみなさんに比べ、刑事経験のある私にアドバンテージがあると思える。

現場に行くことで、スタジオや新聞報道では発見できない新たな事実が必ず見つかるものだ。あの有名なセリフ、「事件は会議室で起こってるんじゃない。現場で起こっているんだ!」は、まったくもって真理なのである。

もちろん、このような取材活動を行っている間にも、いち早く現場の情報を入手したい週刊誌や新聞社からのコールが鳴り響くのである。

そんな電話のなかで、私がもっともためらってしまうのはラジオ局である。なにせ最近のラジオ番組は携帯電話からでも出演ができるので、時と場所を選ばないのである。

「じゃ、北芝さん。五分後にまた携帯へ連絡しますので、そこで出演お願いします」

こんな簡単なオファーだけで、五分後にはいきなり生放送がスタートしてしまうのである。心の準備もコメントの準備もないわけだから、大急ぎでメモ帳をめくり要点をまとめる。

しかし、多忙のため睡眠も食事もとってないので、頭の回転は鈍い。本来は睡眠をとるべきなのだが、寝坊してラジオの収録をすっぽかしてしまったらシャレにならない。なので、少しでも血糖値を上げ、脳を活性化するために食事をとることにする。

リスナーのみなさんには大変失礼な話だが、実は食事をしながらラジオ番組に出演したこともある。食事といっても、ゆっくりディナーを楽しむのではなく、時間がないので現場近くのコンビニで買ったオニギリと缶コーヒーをがっつく程度だったのだが……。微妙に滑舌《かつぜつ》が悪くなってしまったのを記憶している。

コメンテーターという仕事もなかなかハードな職業なのである。もちろん、実際に捜査にあたっている刑事たちに比べれば、まだまだたいしたことはないのだが。

では、ここで私がリスペクトする警察出身のコメンテーターたちを批評《レビュー》してみよう。まず、はじめは警察に詳しくない方でも知っている超大御所から。

佐々淳行（警察庁出身）

いうまでもなく、あさま山荘事件で陣頭指揮をとった〝軍師〟こと佐々淳行氏である。キャリア組として入庁後、様々な事件を解決し、東大安田講堂事件やあさま山荘事件での活躍でその名を警察内外に轟かせるようになった。

その後、防衛施設庁長官や初代内閣安全保障室長を歴任し、日本における危機管理のエキスパートとして活躍する。

近年では、愛知たてこもり事件で、このようなコメントを出していた。

「愛知県警は、負傷した巡査部長を犯人の銃弾を避けるために大楯を持った部隊で取り囲み、助けることを優先すべきだった。人質を無事保護できたところで、ＳＡＴによる強行投入をさせるべきだった」

人質のことはもちろん、さらに同じ釜のメシ食った部下たちのことを考えるあたりは、あさま山荘事件当時からまったくブレていない。この事件に関しては、私も同意見である。

著書に『危機管理のノウハウ』『インテリジェンス・アイ―危機管理最前線』などがあり、『連合赤軍「あさま山荘」事件』は、大ヒットした映画『突入せよ！ あさま山荘事件』の原作となっている。佐々氏役は役所広司が演じた。

氏の名前は外国の小説内に登場したこともある。私も大ファンであるスパイ小説の大家、フレデリック・フォーサイスの『第四の核』には、日本が誇るスパイキャッチャーとして登場している。

スパイキャッチャーの呼び名は、公安警察時代に彼の行った共産圏のスパイ取締りが、西側諸国に高評価されていたことが由来だと思われる。その裏付けとして、イギリスでは「CBE勲章」を、アメリカでは「アメリカ陸軍民間人功労章」を受賞していることを付け加えておこう。

飛松五男（兵庫県警出身）

バリバリのキャリアだった佐々氏とは違い、飛松氏は現場ひと筋のノンキャリ組である。しかし、その捜査技術はズバ抜けたものがあり、現役中は何度も表彰を受けている。

ちなみに、飛松氏の受賞履歴は、ざっと挙げただけでも「警察庁長官賞」八回（団体）、「警察庁近畿管区警察局表彰」四回、「兵庫県警警察本部長賞誉」十三回など、すさまじい受賞歴である。ほかにも多数受賞歴があるというから驚きである。

実は飛松氏、コメンテーターをはじめる以前の現役時代から、テレビ関係者の間ではちょっとした有名人だったのである。

よくあるテレビの特番「警察二十四時」などでは、刑事に密着取材することがあるが、関西方面の企画では飛松氏の密着取材をすることが多かったのである。なぜなら、当時の飛松氏は「シャブとり名人」として有名で、氏に密着取材を行えば、覚せい剤の取締りシーンを撮影できるという、テレビマンにとってはたまらない逸材だったのである。

しかし、飛松氏を一般にも有名にしたのは、二〇〇五年に姫路市で発生した女性バラバラ殺人事件である。この事件の発生時、飛松氏は失踪した女性の家族から相談を受け、独自の捜査を行い犯人宅を突き止めた。残念ながら失踪女性はすでに殺害されていたが、この捜査がマスコミに注目され、以降コメンテーターとしてお茶の間に登場することとなった。

飛松氏はある雑誌のインタビューでこう答えた。

「テレビでしゃべることで視聴者が事件のことを知ってくれる。こういった形でも警察に貢献できるんです。それに犯罪は社会と警察に対する挑戦。挑戦はね、受けなアカンですよ」

退官はしたが、心は生涯警察官なのである。

上野正彦（東京都監察医務院・監察医出身）

上野氏は警察官ではない。しかし、長年監察医として警察と連携して警察に協力してきた立場からのコメントは、現役刑事たちも唸らせるほどの説得力があるので、あえて加えさせていただいた。

上野氏がこれまでに手がけた仏さんは、なんと二万体を超えるという。上野氏があるインタビュー記事でこう語っていた。

「火事の現場から出てきた死体が焼死体とは限らない」

まさに、二万体の死体を見てきた男ならではのセリフである。現在、上野氏はコメンテーターを勤める傍ら、現役の監察医としても活躍している。保険会社からの裁判での鑑定依頼があとを絶たないようである。まさに、行列のできる監察医といえよう。

そんな上野氏のコメンテーターとしてのポリシーは、

「現場へ出たほうが、よい解説ができるね」

というものだ。

今年で七九歳になる上野氏だが、監察医としてもコメンテーターとしても、まだまだ現役なのである。

以上、生意気にも先輩方をレビューさせていただいたが、この私もまだまだひよっこではあるが現役のコメンテーターである。

彼らに負けないよう、視聴者を唸らせつつ事件解明の糸口となるようなコメントを続けられたらと思う。

ＯＢ団体に入れない「悪い警官」とは？

退官した警察官の多くが、ＯＢ団体と呼ばれる組織に入って、退官後も警察組織とのつながりを絶やさない。抜群の捜査能力をもち、長きに渡り警察組織で活躍してきた「良い警官」たちは、だいたいみなＯＢ団体に所属している。

一方で、退官後にＯＢ団体に所属できない人間もいる。それにはどのような事情があるのか？

答えは簡単だ。ＯＢ団体に入りたくないか、警官をやっているときに「問題」を起しているかである。

たとえば、社会的問題の渦中にいた警官や、ワイセツ事件を起した者などは当然、ＯＢ団体への入会は許されないのである。

ＯＢ団体に入るということは、退官後も警察社会の一員であるということなのである。警察社会は現役とＯＢで構成されており、ＯＢ団体はいわば一般社会とのクッション的な役割なのである。

現役時代に活躍が認められたＯＢは、有名財団法人や企業であっても一流どころへ天下れるケースが多い。ＯＢ団体に入った人で悲惨な人はいない。しかし、入っていない人は苦労している人が多い。

また、ＯＢ団体は常に警察のトップと接触がある。今日のトップは明日のＯＢなのである。ＯＢになったときに、よい企業や財団法人に入るということは、先輩ＯＢが助力しないとかなわない。つまり、ＯＢが少なからず現役の人事に関与しているということなのだ。

ＯＢ団体とは、ある意味で内部人事課別室みたいなものなのである。

それゆえ、現役で警察官をしている年月のなかで瑕疵《かし》があるような人間は、ＯＢ団体の門を潜ることは決してできないのである。

ヤクザに堕ちる警官

断言するが、全国の警察官の大多数は善良で悪事をはたらかない。しかし、約二十七万もの人員がいればときどき出現してもなんの不思議もないのがワルの警察官だ。

今は昔、優秀だといわれていたマルボウ刑事がいた。敏腕だし見かけもインテリ風で切れ者タイプだった。コイツの趣味は、ギャンブルと女遊び。とにかく金がいる遊びが好きで、だからいくらあってもお金が足りなかった。

警察官は警視庁職員信用組合から低金利で借金することができる。しかし、ここから子どもの学費や住宅ローン以外で借金しすぎると警察内での信用がなくなり、出世にも響かないわけではない。

だから、頭が良かったコイツは、警視庁職員信用組合からはお金を借りなかった。もちろん、即足がつくサラ金なんかにも借りなかった。

では、どこから借りたか？

コイツが借金をしたのは裏の金。つまり、ヤクザから直接お金を得ていたのである。

コイツはマルボウ刑事だったので、ヤクザが営業している性風俗店への手入れ情報などを流していたのだ。さすがに手入れ情報が流出していたのでは、どんな敏腕捜査官でも検挙することは不可能である。なにせすべての捜査活動があとだしジャンケンになってしまうのだから。

コイツは、その見返りとして、ヤクザから金銭を受け取っていた。

何度も手入れが失敗するうちに、「警察内部に内通者がいるのでは？」となった。

しかし、この不正警官は、もともと頭の切れるヤツだったので、警察内では自分が疑われないように工作していたため、コイツの名が捜査線上に上がることはなかった。

だが、ある事件をきっかけにコイツへ捜査のメスが入ることになった。

ヤクザの金庫番であった男がひょんなことから逮捕され、とんでもないことをしゃべったのである。

「いっつも、あんたらのお友だちに銭払ってんだから、早く出してくれよ！」

この金庫番は冗談のつもりで言ったのだろうが、彼を取調べた捜査官はこの発言を聞き逃さなかったのである。

即座に警務部が動き出した。ヤクザの金庫番と関わりのあった捜査官をリストアップし、隠し口座や愛人の存在、または友人の名義で使っている口座などを調べ上げた。

すると、隠し口座の存在が明らかになり、ヤクザへの手入れ前後に一定の金額が常に振り込まれていることが発覚した。

間違いない、クロである。

コイツの隠し口座には、一般企業からの名義で多額の金が振り込まれていた。もちろん、この場合の一般企業というのはヤクザの経営している会社のことである。

この不祥事は、警察外へ明るみに出ることはなかったが、トップ連中や公安、警務部に所属していた者にとってはいまでも語り草になっている一件である。

当然、このような不正を行ってクビになった人間も、警察のOB団体に入ることは許されないのである。

第7章　どうなるこれからの日本の犯罪

高齢者犯罪

さて、本書も最後の章を迎えることとなった。前作、本作と、警察のこれまで明かされなかった多分に娯楽的な裏事情と、警察官の人間くさい面を披露してきたので、この章では趣向を変え、日本でこれから多発するであろう犯罪について私見を述べたい。

日本の治安状況は、残念ながら悪化の一途を辿っているといわざるをえない。読者のみなさんに現代犯罪事情を少しでも知っていただき、ぜひ自衛のための一助としてもらいたい。

二〇〇〇年に入ってから顕著となった徹底的な市場原理主義によって、強い者が取る、弱い者は奪われるという風潮が蔓延した。この世相は、当然犯罪にも影響し、高齢者が犯罪被害にあうケースが多発している。オレオレ詐欺の被害にあうのは圧倒的に高齢者だし、資産家の高齢者が強盗にあうというニュースは、毎日といっていいほど耳にする。このように、高齢者は犯罪被害にあいやすいというのは衆目の一致するところだろうが、まったく逆の面もある。

実は近年、六十五歳以上の高齢者による万引き、暴行、傷害などの犯罪が増えているのだ。警察庁によると二〇〇七年には、年間で四万五〇〇〇件ほどの犯罪が起きており、十年前と比べると、その数は約三倍にもなっている。

そのような事態に陥った理由は、日本人の食事情の変化、精神文化の荒廃、両面にあると私は考える。

大量生産、大量消費文明によって生み出された食品添加物、ファストフード、糖類過剰飲料の摂取などによって若者がキレやすくなった、という情報に誰もが一度は接したことがあるだろう。さらにポストハーベスト農薬の問題、ＢＳＥ牛など、現代は食の問題にことかかない。

また、あまり報道されないが、アルミ缶に入った炭酸飲料、ビールには、アルミニウムに含まれる成分が酸によって溶け出しているため、欧米では敬遠される傾向にある。つまり、アルツハイマー病の原因となる成分が入っている、と考えられているのだ。

このように、現代は、食が人間の心身に影響を与える時代であり、さらに専門医の間では食が犯罪事情に大きく関係していると認識されている。

もちろんこれは、若者だけの問題ではない。高齢者とて同時代を生きている以上、同様の食の危険にさらされ、キレやすい心身状態になっている。そのことが、高齢者犯罪の増加を招いている一因といってよいだろう。

また、戦後、食文化が欧米化され栄養摂取が十分であることが、高齢者犯罪の増加に影響を与えている。

これはどういうことかといえば、寿命が延び、働くことができる年齢が伸びていることを考えてみればいい。つまり、定年退職期が実際の肉体年齢とかみ合わなくなってきているということだ。

たとえば、いまは四十歳過ぎのプロボクサーは珍しくはない。それに対し三十年ほど前は、二十代後半であれば大ベテランであった。現在、ボクシングに限らず第一線で活躍するアスリートの年齢は上がっている。同様に高齢者たちも、視力、心肺機能など七十五歳から体力的にガクンと落ちるといわれているが、七十歳くらいまでは社会でなんの問題もなくバリバリ働ける人が多くなっている。

しかし、その一方で定年の年齢は変わらない。まだまだやれる人間が力を発揮できる場所を奪われると、エナジーのはけ口がなくなる。また、働いていない人間は家族に冷遇される。これまでさんざんがんばって働いてきたのに、ねぎらってもらえるどころか、いきなり邪魔者扱いされるわけだ。これでは高齢者たちに負のエナジーが積もっていくのも当然、といえるだろう。

私が現役警察官のころ、万引をした高齢者をよく店から引き受けたりした。粗暴犯の取調べもよくした。そのときの実感は、高齢者というのは生活に貧窮しているか否かに関わらず、コミュニケーションを渇望しているのだな、というものだ。

「なんでもいいから人と関わりたかった」

そんな話を取調室でする老人はゴロゴロいた。

近年の高齢者犯罪の増加は、孤独感、疎外感を抱いている高齢者が、当時に比べ激増していることによるのだろう。このような状況を招いている要因の解消を、政府、財界などが真剣に考えないと、今後も間違いなく高齢者犯罪は増え続ける。

ただ、一つ言っておきたいのは、日本だから万引きや暴行、痴漢などの犯罪程度で事件がすんでいるということだ。日本がアメリカのような銃社会となれば、問題はさらに深刻になっていくであろう。

銃犯罪

日本では現在、合法的に銃を持てるのは、警察官、麻薬取締官、海上保安官、自衛官、そして、猟銃免許を得ている民間人程度しかいない。しかし、彼らが所持している以外にも、銃が出回っている。その非合法の銃のことを、「闇銃」という。

闇銃は、日本に二十万丁以上出回っているといわれている。これは当局側の人間から出た情報なので間違いないだろう。

その内訳はこうだ。まず暴力団組員による所持。現在、正規構成員の数は約八万二千人とされている。一人一丁持っていたとしても、半分にも満たない。そのほかは誰が持っているんだというと、暴力団の準構成員、共生者とも呼ばれる企業舎弟の幹部連中、暴走族、ギャング（かつてチーマーと呼ばれていた）、外国人犯罪者集団である。しかし、それがすべてではない。一般人にも闇銃が流入しているのだ。

闇社会の人間とは異なる一般人が、いったいどのようにして拳銃を手にするというのだろうか。その方法は、デリバリーヘルスやホテトルなどの出張売春を通じた、娼婦ルートと呼ばれる方法だ。

買春をしたあと、再度指名する約束を交わし、売春婦にドラッグ（覚せい剤など）を買いたいことを伝える。次回の買春でドラッグを購入できたら、銃がほしいので派遣元に会わせてほしいと頼む。売春―ドラッグという手続きを踏まえると、相手にお互い違法行為をしている共犯であるという信頼関係が生まれるので、派遣元（たいていは暴力団、もしくはそこにつながる組織だが）を紹介してくれる。そして銃を手に入れるのだ。

もちろんすべての段階が違法行為なので、決して実行してはならないが、三十万円ほど支払うだけで難なく手に入るのが現状なのだ。外国人犯罪集団、たとえば、チャイナマフィアにコネをつけて購入すれば、二十万円で手に入るなんてこともある。

このように、一般社会にも銃が流入し、日々その数が増えていること、さらに、拳銃マニアが改造銃をつくってネットでやりとりするなど、多岐にわたるルートで銃が蔓延している。

このような現状を踏まえ、今後の銃犯罪を予測してみよう。

誤解を恐れずにいえば、非合法世界に住む人間たちは合理的で、金儲け、利権の拡大にならない銃の使用はしないことが多い（もちろん例外はあるが）。しかし、一般人の場合、感情的な問題から銃の使用に踏み切ることが予測される。

孤独感、精神的閉塞感、信頼している人間から裏切られたという一方的な思い込みなど、自身の精神が壊れていく過程で銃を発砲する、そのような事件は年に複数回、現在でも起こっている。闇銃によるものではなく、合法的に許可を得た銃使用のケースだが、二〇〇七年十二月に起きた、長崎佐世保スポーツクラブ散弾銃乱射事件はまだ記憶に新しい。

この事件は、たとえ公的機関の許可があっても銃を所持していることの危険性を改めて浮き彫りにした。手元に銃があるということは、突発的に生じた抑えきれない感情をさらに昂ぶらせることにつながる。

とくに現代日本のように、熾烈な競争に日々さらされ、自分の精神を抑圧することを強いられる社会では、銃がまさしく無差別殺人という犯罪を誘発することになりかねないので、絶対に銃の蔓延、銃社会化は防がなくてはならない。

そういう意味で、合法銃であっても規制は強化されるべきだと考える。射撃など銃によるスポーツ、娯楽を健全に楽しむ層もいるのだろうが、銃の本質的危険性を考えれば、銃の個人所持は原則禁止するなど、徹底した管理が必要だろう。

アウトロー系の若者たちの間では、暴走族のヘッド、幹部に拳銃を持っている連中が多い。ギャングのトップ連中もそうだ。ただ、暴発を恐れて弾は装填していない場合が多いようだが、持ち歩いているヤツもいたりする。

彼らのなかにはドラッグを常習する者もいるので、ドラッグ中毒によって銃を乱射するという事態も想定できる。また、ギャング同士の抗争に銃が使われるようになるであろう。それは、ギャングや暴走族のバックについている暴力団や外国マフィアなどの代理戦争のかたちとして起こる可能性もある。

暴対法施行後、暴力団の活動が法律に触れないように巧妙化したり、一般企業の形をとって（企業舎弟）活動したりと、暴力団は闇に潜る方向に向かっているが、反対にアウトロー系の若者たちの間では、暴力がむきだしになってくるのである。

かつてギャング同士の闘争は、映画『ウェストサイド・ストーリー』のようなナイフでの闘いであったが、これからは確実にけん銃にとって変わるであろう。まったくなげかわしい。一九四五年の戦争終結まで、沖縄では、たとえ暴力団でもケンカするときは基本的に「手（ティー）」、つまり唐手だった。そういう時代もあったというのに。

格差が生み出す犯罪

私の実感だが、日本の治安が悪化したのは、経済格差が激しくなり、一部の富める者とその他大勢の貧しき者で社会が構成されるようになった歩みと一致している。生活に困窮する者、社会に恨み・不安を抱く者、差別される者が多くなれば、治安が悪化するのは当然のことだろう。

現在の社会では、適切な収入を得られる安定した仕事に就くことは大変難しい。格差社会なればこそ、学歴や資格などペーパーの査定による選別は厳しくなる。ヤクザやギャングなどはまさにそこから疎外された人間が多いが、機会が均等にあり、希望をもてる社会だとはとても感じられない状況が、多くの人間をさらに閉塞状況に追い込んでいく。

なかでも、低所得者層、フリーター、ニート、住所をもたないネットカフェ難民などが、差別対象になるような状況になりつつある。これは、新たなる被差別民を社会がつくりだしているということにほかならない。

そのような状況が進展すると、差別的状態を解消しようと金を強く欲するものが出てくる。しかし、収入の低さと差別的状態は表裏一体なので、彼らは借金をするしか道がない。となると、金を借りるが返せない。そんな状況を抜け出すために犯罪に走ったり、また、自殺や無理心中をしたりという、負のスパイラルに入り込む。

現在の若い人は、二百万円くらいの借金で自己破産している人も少なくない。これは、もう社会システムが正常に機能していないからとしかいえない。

もちろん、日々の生活のためでなく、社会やマスコミが煽った浮ついた欲望に振り回され、借金をこしらえるという場合は多々ある。だが、このケースも実は、差別から逃れたい、閉塞状況を我慢できないという鬱屈した心理から発生する場合が多い。このような人間の心理構造が、借金をする行為を加速させ、結果として正常な判断ができないような状態にまで自身を追い込んでいく。

格差が激しすぎる社会は犯罪が多発する社会であり、犯罪に巻き込まれやすい社会であるということを肝に銘じてほしい。

ところで、借金について余談だが、実際、私も知人から相談をされることは珍しくない。依頼者が負のスパイラルに入り込まないようにと、なんだかんだ毎年、二、三百万円は誰かに返ってこないお金を貸している気がする。もちろん、そのなかには警察官もいる。

一九八〇年代のある時期、日本人の九割が自分を中流層だと感じるようになったといわれるが、実際の警察官の給料は中流というにはあまりにも少ない。ただ、現在警察官になっている人たちには中流層意識がすでに色濃くあり、警察に入ったからといって慎ましい生活、つまり生活レベルを落とすことはなかなか難しいのが現状だ。

そのため借金をして遊ぶし、部下や同僚の冠婚葬祭には中流層として恥ずかしくない程度にはフォローしなければいけないという意識を強くもっている。そこには「当たり前のことをできなければ、周りに何を言われるかわからない」という意識が根底にある。被差別者になるのを恐れているのだ。

別のエピソードだが、私がまだ現役の警察官のころ、あるホステスに、

「今月百万も客のツケが回収できないの。客と連絡とれなくなっちゃうし、このままお店にお金を納められなかったらソープランドにでもいかなきゃいけない」

そんな風に泣きつかれたことがある。

彼女は売り掛けのホステスだった。ツケで飲む客の料金を肩代わりして店に支払う。そして、一ヵ月後まとめてその客に請求する。ホステスの給料は売り上げの半分をもらう仕組みだから、いい客に当たれば給料は増えるし、ツケを踏み倒すような客に当たると店に借金ができてしまう。

私は当時、副業で行っていた漫画原作の原稿料が入ったばかりだったので、「それは大変だ」なんて思い金を貸した。もちろん少しは下心もあった。しかし、そのホステスは私の金を使って陰でホストクラブに通いつめ、男に貢いでいた。そして私には、キスまでが反対給付だった。

「これ以上したら本当に好きになっちゃう」

いざこれからというときには、そんな風にもっともらしいことを言う。

そして結局、借金は返済されないままそのホステスとは連絡がとれなくなった。

また、このようなケースもあった。

「私困ってるんだ……。どうしても豊胸手術をしたいの」

そんな風に言われて金を貸したことがある。

手術後、一度、お礼の電話が来たが、こちらとしてはビフォーもアフターもわからないので、本当に豊胸手術をしたのかどうか皆目わからない。そして、そのまま連絡がとれなくなってしまった。

このような場合、本気で暴発する人もいるのだろうが、私は日常的に食生活に気をつけたり、心身を鍛えることで動じないようにしているので、割合すぐに平静を取り戻せる（でも、自分自身が貧乏になると「バカヤロー！」と叫んでしまうこともある。まったくしょうもないな、俺ってヤツは）。

いまではそんな話も、講演会なんかで笑い話のようにすると喜んでもらえるので、いい経験だったかなと思うが、借金は借りるほうも貸すほうも、平静でいることが難しくなる場合が多々あるので、気をつけてもらいたい。

男と女の多様な情愛ビジネス

精神的に不安定な人間を心理戦にもち込み陥れる卑劣な犯罪は、これからいっそう増えることだろう。詐欺というのはまさしくそういった人間心理を手玉にとるような犯罪であるが、とくに最近は男女間の情愛を利用して、相手を食い物にするような犯罪まがいの行為が堂々と行われている。

その代表格が、ホストとそこに通う女たちの間で行われている金銭的なやりとりである。たとえば二〇〇六年十二月、ある新宿歌舞伎町のホストが逮捕された。このホストは給料が出たら自分が払うと偽り、女性にシャンパン五本分の料金など約一七七万円を消費者金融で借金させて支払わせていた。この事件は新聞で報道もされたので、覚えている読者もいるかもしれない。

ホストというのは、社会貢献という点で見ると評価され難い存在でありながら、一部の女性からは生物学的エリートとして認識されている。別の言い方をすると、どんなに社会的に成功している人格者であっても、一部の女性から見れば、見た目がよくなければ生物学的に魅力がないということになる。

見た目で人間を判断するかどうかは個々の女性の嗜好なのだろうが、問題なのは、ホストがテレビや雑誌などマスコミでアイドルのごとく取り上げられ、心理的に抵抗のない、社会的な存在になってしまったことだ。その結果、彼らに会いたい、歓心を買いたいと、ひと晩で数百万円使ってしまう女性があとを絶たなくなった。

ホストに対しての信仰ともいえるような女性たちの想いは、お布施のようなかたちとなってホストへ流れていく。支払う余裕のない女性には、ローンを組ませ、それでも払えない場合には、系列の風俗店で働くよう巧みに誘導する。

ホスト側の観点では、女性が自分たちに貢ぐようにするのは収益を上げる正統な方法ということになるが、そのような事態が社会的に認められているとしたらそれは問題である。

これは、本質的には女性を食い物にしている行為だということは明白だ。

ただ、女性がその構造の本質をわかっていないかといえば、決してそうではない。ホストへの信仰の厚さを示すため、女性自ら進んで身体を売り、金を稼ぎ、高額のお布施を支払い続けるケースもあるのだ。

「誰かに迷惑をかけているわけではないからいいんだ」

という心理作用があると考えられるが、問題は根深いといわざるを得ない。

もちろん、ホスト社会の内部構造にも問題がある。仮に、

「この女性はお金を持っていないから、貢いでもらわなくてもいいや」

とホスト個人が考えたとしても、そんなことは許されない。

ホスト社会は基本的に上意下達の世界で、上の人間が言ったことに下は必ず従わなければならない。もし従わなければクビである。たとえば、

「今月の売上目標は一億円だ」

と社長が言ったとすると、店長は必ずその通りに従わなければならない。できなければ、店長解任。下の人間に取って代わられ、自分の立場はなくなる。

冒頭事例として取り上げたホストの場合、副支配人のポストから、約三ヵ月後には売り上げが落ちてヒラに降格されたという。

個別のホストの浮き沈みなど、私にはどーでもいい話だが、しかし、そのようなホスト社会のヒエラルキーを支えているのは、女性たちなのだ。このホスト業になんら規制が加えられず、女性たちがホストに高額の金を払う状態が続くのであれば、ホスト店の客から風俗業界へというグレーな人身売買ルートは常態化するだろう。哀しいことである。

凶悪犯罪ビジネス

銃犯罪の項で、闇社会や外国人犯罪集団からのけん銃入手について述べたが、同様に殺人を請け負う外国人犯罪集団もいる。

十数年前からそういったことが行われはじめており、その事実が知られるようになった当初はイランマフィアなど中東系マフィアが二百万円程度で殺人を請け負っていた。しかし、現在ではチャイナマフィアが五十万程度で殺人を行うようになっている。

昨今多発している外国人による殺人事件は、このような殺人ビジネスの価格暴落が関係しているのは間違いない。

また、世田谷一家殺人事件のような未解決事件のなかには、外国人による犯行ではないかと疑われている案件も多い。たとえば、ここ十年以内に起きた児童殺人事件もそうだ。

その事件も犯人の特定ができないままの未解決事件であるが、実行犯は外国人であるとの疑念も捜査当局には微量ながらある。

被害者の血縁者とされる人物は、実際には血のつながりのない法定的保護責任者であり、一千万に近い借金があったが、その返済が被害者の保険金によって支払われているという情報もある。

ただ、それはあくまでも状況であって、証拠といえるようなものは見つからず当局が業務行動をとれないでいる。それは、被害者遺族にはなかなか突っ込んだ捜査ができないという事情も影響しているのだからややこしい。

これから十年の間に、外国人による犯罪ビジネスは増えるというよりも、犯罪の一ジャンルとして確立すると思われる。おそらく一番増えていくのが実行犯は外国人で、絵は日本人アウトローが描くパターンであろうが、その際、高所得者の家人は、犯罪者組織に監視され、ターゲットとして繰り返し狙われることが予想される。

数年前、ある外科医の女子大生の娘が誘拐された事件があったが、その事件の前に、一度、医師宅に押し入ってきた人間たちに金を奪われた、という話を聞いたことがある。

犯人グループがさらに娘を誘拐したから事件は表沙汰になったが、そういった犯罪ビジネスとしての、ダブルワークス、トリプルワークスは起こっていくであろう。

さて、今後起こりうる様々な凶悪犯罪に対応するため、警察も日々変革に努めている。実際にSATやSITのような特殊部隊が警察内部にでき、全国に配置されるなどということは、ひと昔前までは考えられなかったような前進だ。しかし、まだまだ十分ではない。

たとえば、外国人犯罪の取締り強化のために、語学を自由に駆使できる捜査官を育てなくてはならない。英語だけでなく、韓国語、中国語、ロシア語、東南アジア諸国の希少な言語を自由に操れる捜査官の存在は不可欠である。

そんなことをするぐらいなら外国人を警察が雇えばいいではないか、という疑問をもつ読者の方もいるかもしれないが、外国人をインフォーマーとして雇うことはあったとしても、公的な捜査官として雇い入れることは、今後十年経っても日本ではないだろう。重要な内部情報を外国人に知らせることは、日本国家の存亡に関わることでもあるからだ。

人材を育てると同時に、力が足りない部分は、何歳だろうと能力をもち、強い意志と身体機能を有する日本人を特別捜査官として補っていくべきだろう。

また、今後犯罪がさらに凶悪化すれば、探偵や警備会社などと捜査当局が連携するようになるかもしれない。地域社会に自警団が続々発足するような現象も起きるかもしれない。

そして、それら自警団の武装化も考えられる。日本では市民が武装する権利というのは認められていないと思われがちだが決してそうではない。実際に警備会社のガードマンは警棒を持っている。これはもちろん武装である。けん銃や刃物はともかく、一般市民が警棒やスタンガンなどで武装し、自分たちのコミュニティーを自衛する時代は、そう遠い話ではないのかもしれない。

おわりに

私の生き方はこれからも「ケンカ上等!」です!

~捏造週刊誌との対決、最終報告~

『警察裏物語』に続き、『続・警察裏物語』が刊行されたことは、さまざまな意味でうれしい。どううれしいのか明かす前に、同二冊の執筆意図をまず述べておきたい。

「裏」という言葉から、警察の不祥事、悪事を告発し、糾弾する本であると思われた方も一部にはいたかもしれない。しかし、同シリーズにおいて冠された「裏」の意味は、表から見た限りではうかがい知れない内部の様子、というほどの意味である。

警察官(特に制服の警察官)は公務員のなかでも、一般市民の目に触れる機会が非常に多い存在であるにもかかわらず、その人柄、勤務実態などを知る一般市民は少ない。

また、テレビドラマ、映画、小説などで、刑事や公安捜査官がよく取り上げられるが、これまたイメージが先行し、彼らの人間性、捜査実態が理解されているとは言いがたい。

知られていないだけではなく、警察世界に住む人々は、一般市民を管理する存在として潜在的に嫌悪されているし、不祥事や捜査の不行き届きでもあろうものなら、こてんぱんにバッシングされる。

確かに、警察官は権力を行使する身であるから、他の職種よりも自己を律していかねばならない面はあろう。

しかし、大組織である以上、どうしても、ほんの一部、問題のある人間は出てくるものだ（そのような人間が出てこないよう、未然に防ぐ不断の努力がなされなければならないのは、言うまでもないが）。

実態が伝わっていないため誤解されたり、潜在意識の反映として嫌悪をぶつけられたり、不祥事などで警察がバッシングされるたび、私は思っていた。

――ほとんどの警察世界の人間は、家族を犠牲にしてまで治安のため身を粉にして働いているし、さまざまな専門領域で独自の能力を発揮している。さらに、命を危険にさらすストレスフルな職場にあってもタフな人間たちであるからして、面白くて素敵なエピソードに事欠かないのに……。

このような、一般市民には知られていない警察の内部事情を伝えることで、警察への理解を深められないものだろうかと。

それだけでなく、少しでも警察人へ好意的感情を持ってもらいたい。また、勤務実態を広く知らしめることで、体制変革の契機になってほしい。ノンキャリ警察人が意欲的に警察業務に取り組むためには、過酷な長時間労働の改善が必須だと考えるからだ。

『警察裏物語』は、私に今も宿る護民者としての魂が書かせた書だといっていいだろう。エンターテインメントの要素が多分に含まれているのは、私のなかにわずかばかりある、「おちゃらけ警察魂」ゆえと了解していただきたい。

それはさておき、続編を刊行できたということは、前述の私の思いがわずかでも読者に届いた結果であると自負している。その意味で、たいへんうれしい。

もうひとつのうれしい理由だが、それは、完全に私憤ゆえである。

読者のなかにはご存知の方も多いと思うが、前作が25万部を突破し、2006年8月にはテレビ朝日の番組『徹子の部屋』に出演するなどしたことが気に入らなかったのか、ある週刊誌が、「北芝は制服の交番勤務のお巡りさんで終わった。私服の刑事はやっていない」と何度も何度も執拗に、虚偽の記事を掲載し、私の名誉を著しく侵害した。

この影響は甚大で、当時犯罪コメンテーターとして出演していたテレビ番組から降板することになり、講演の依頼も減少するなどした。

このような事態をみて、親しいマスコミ業界人たちは私にこう言った。

「何も悪いことをしていないだけでなく、経歴に詐称もないのにバッシングされるのは、急に売れすぎたからですよ、出る杭は打たれるみたいなね。でもこんなことでめげていてはいけませんよ。精力的に活動している北芝さんの姿を見せることが、一番の対抗策ですから、これからもどんどんがんばってください」

うれしい言葉であった。また適切なアドバイスだと思い、私は、自分の表現できる場、たとえば、雑誌、スポーツ新聞での連載、書籍などの活字媒体で身の潔白を訴えた（年齢詐称疑惑については、「詐称はしていない、公開していないだけである」という立場を、その理由とともに、『北芝健のアンチエイジング道場～私が「驚くほど若い」と言われる本当の理由～』に述べた）。

　また、フジテレビの番組『ウチくる!?』に出演した際は（２００６年11月出演）、私の警察学校時代の指導教官が友情出演してくださり、刑事時代について言及してくれた。

　しかし、週刊誌の捏造記事は止まらない。私は、やむをえず名誉回復のため出版社を告訴するに至った。

　そして、約1年にわたる法廷闘争のすえ、裁判長名で、私の「経歴に詐称はいっさいなく、私服の捜査官として列記された事件を担当したことは間違いない」という証明文書が出され、被告の出版社に「お叱り」の文言が下されたのだ。

　人間にとって名誉は何よりも大事だ。名誉を失った人間は、気力が失われていき、生きる屍となってしまう。弁護費用がかさむという経済的合理性だけで、出版社は、捏造記事を書いても泣き寝入りするだろうと踏んでいたのだろうが、そうは問屋がおろさない。

　この結果は満足のいくものだったが、だからといってすでに浸透してしまった私へのネガティブなイメージが一気に改善されるわけでもない。インターネットでの誹謗中傷は現在も続いているような状態だ。

　だからこそ、私はこれからの生き方が大事であると思っているのだ。現実世界における名誉を回復するために、一層精進しなければならない。そんな矢先での『続・警察裏物語』の刊行であるので、感慨もひとしおなのである。

いちいち数えたわけではないが、これまで、別名での著作や、漫画原作者としての著作を含めると二百冊程度刊行しているが、本書は忘れられない一冊となるであろう。

また、本書が売れたときには、捏造を繰り返した週刊誌がどう反応するだろうか、そんなことを考えたりするのも楽しい。

「くるならこいや！　ケンカ上等!!」

これが私の生き方である。読者の皆さまには、そんなやんちゃな私を今後も応援していただけるとたいへんうれしい。

最後になるが、前作同様、出版の機会をいただいたバジリコの長廻健太郎社長、編集を担当したフリー編集者・野口英明氏、その他私を支えてくれた多くの方々に感謝し、筆を置きたい。

【著者略歴】

北芝健（きたしば・けん）

早稲田大学卒業。犯罪社会学、及び国際関係論を講義して教壇に立つ。学術社団「日本安全保障・危機管理学会」顧問。元警視庁刑事で、刑事警察と公安警察の捜査に従事。主な著書に、『まるごし刑事』（実業之日本社）、『警察裏物語』（バジリコ）、『ヤクザ極道学』（だいわ文庫）、『北芝健のニッポン防犯生活術』（河出書房新社）など多数。

また著者は、医師から「実年齢より30歳以上も若い」と評されるほどの強健を誇るが、その若さの秘訣を明かした『北芝健のアンチエイジング道場〜私が「驚くほど若い」と言われる本当の理由〜』（バジリコ）という異色の健康本もある。ちなみに毎月のサプリメント代は、12〜15万円程度。沖縄剛柔流空手六段。空手・護身術道場「修道館」館長。

続・警察裏物語

2008年7月22日 初版第1刷発行

【著者】
北芝健

【発行人】
長廻健太郎

【取材・執筆協力】
照井康介

【企画構成・編集】
野口英明

【発行所】
バジリコ株式会社

〒103-0027 東京都中央区日本橋3丁目3番12号
電話……………… (03) 3516-8467
ファックス……… (03) 3516-8458

【印刷・製本】
ワコープラネット・東京美術紙工

ISBN978-4-86238-105-7

http://www.basilico.co.jp